Una oveja negra al poder

Una oveja negra al poder

Confesiones e intimidades de Pepe Mujica

ANDRÉS DANZA
ERNESTO TULBOVITZ

DEBATE

El papel utilizado para la impresión de este libro ha sido fabricado a partir de madera procedente de bosques y plantaciones gestionadas con los más altos estándares ambientales, garantizando una explotación de los recursos sostenible con el medio ambiente y beneficiosa para las personas.

Penguin Random House Grupo Editorial

Una oveja negra al poder
Confesiones e intimidades de Pepe Mujica

Segunda edición en Uruguay: mayo, 2025
Segunda edición en México: agosto, 2025

penguinlibros.com

Fotografía de portada: © Leo Barizzoni

ISBN: 978-607-386-395-7

Impreso en México – *Printed in Mexico*

A mis padres, hermanos y amigos, por ayudarme a construir el camino, y a Lucía y Matilda, por llenarlo de amor y de vida, entre el buzo y el astronauta.

A. D.

A los soles de mi vida, Federico y Emiliano, a mis hermanos queridos, Sergio y Marcelo, y a mis inmortales viejos, Elías y Rosita.

E. T.

Gracias a nuestros compañeros del semanario *Búsqueda* por los consejos y el apoyo (en especial a Eduardo Alvariza, por su importante aporte para la realización de este libro), a las decenas de personas que fueron entrevistadas y brindaron información, y a José Mujica, por todos estos años compartidos.

El predicador laico

Esa mañana en la chacra de Rincón del Cerro fue distinta a todas las anteriores. Difícil. Dolorosa. Se estaba muriendo y lo sabía. Lo asumía como otro hecho irrefutable de la naturaleza, como lo hacen los "bichos del monte", algo que nos había repetido más de una vez casi una década atrás. Pero en esta oportunidad era distinto, mucho más real. La enfermedad, un cáncer de esófago, la edad, cerca de 90 años, las circunstancias, una coyuntura que ya no lo tenía en el rol más protagónico, todo se había alineado para que hablara abrazado a la muerte, a su propia muerte.

Aquella vez, capaz que, por primera vez, ya no tenía ganas de decirle a la parca "sírvame otra vuelta" como antes había repetido mil veces. Aquella vez era la definitiva y lo sabía a través de la percepción, esa virtud que tanto le había aportado a lo largo de la vida.

Le costaba hablar, tenía sus fuerzas mentales y físicas un tanto atrofiadas. Empezó a largar algunos conceptos referidos a su presidencia que se mezclaban de forma torpe. Las frustraciones por lo no hecho, la angustia por la poca convocatoria para que los jerarcas de su gobierno colaboraran económicamente con el plan de vivienda para los pobres que había impulsado, los secretos detrás del fracaso de una regasificadora con la que había soñado y quiénes eran a su entender los culpables, y muchos otros temas de ese tipo, repasados con ansiedad y un poco de caos.

Pero la catarsis se diluyó rápidamente y después llegó el principal arrepentimiento, que vino acompañado de unas pocas lágrimas, esas que de vez en cuando solía soltar José Pepe Mujica. "Fue muy poco lo que pude hacer para terminar con las injusticias", dijo. "Las vi todas desde mi lugar y la inmensa mayoría siguen ahí, incambiadas", se quejó. "No supe cómo hacerlo. Me voy con eso atravesado".

Después lo puso en casos concretos. Se refirió a los que siguen cobrando fortunas del Estado uruguayo haciendo muy poco, a la estructura montada alrededor del poder que cuesta millones y millones de dólares pero que no aporta nada, a las diferencias inauditas que hay entre los ricos y poderosos y los que nacen, viven y mueren pobres o marginados, a la realidad de como siempre terminan siendo contemplados los que mucho tienen y mucho piden y casi nunca son escuchados los que nada tienen y ni siquiera saben qué puerta tocar como para que alguien con poder real los escuche. "Hice apenas lo que pude y sirvió para muy poco", insistió con la voz quebrada.

Y hubo un silencio. Después llegó la hora de su principal reivindicación personal: su vida dedicada a la militancia. "Mi último acto político va a ser mi muerte", dijo, convencido. "¡Sabés lo que va a ser ese velorio!", acotó y esbozó una sonrisa, aunque ya no con la energía que siempre había destinado a ese tipo de reflexiones. Esta vez casi que podía tocar su muerte con las manos y esa cercanía lo tenía afectado.

Pasó casi un año desde aquel encuentro en invierno de 2024, hasta que finalmente falleció. Por unos pocos meses logró recuperarse bastante, tuvo una intensa actividad pública mediante entrevistas con medios de todo el mundo, habló en algunos actos políticos y su candidato, Yamandú Orsi, ganó las elecciones nacionales en Uruguay. Su sector, el Movimiento de Participación Popular (MPP), obtuvo una votación histórica, la más elevada de un sector político uruguayo en casi cien años. Con la tarea ya cumplida, su salud volvió a complicarse. Fue entonces cuando pidió públicamente que lo dejaran tranquilo, que quería morirse en paz, en su casa, que había llegado la hora del reposo del guerrero.

El martes 13 de mayo de 2025 José Mujica falleció, en su chacra acompañado de Lucía y su círculo más cercano.

Otra vez, se cumplió su pronóstico. Fue el primer velorio internacional de Uruguay. Cientos de miles de sus compatriotas participaron acongojados, pero además otros tantos viajaron de todas partes del mundo para darle un último adiós. Presidentes, exmandatarios, líderes políticos, artistas, aquello fue de película, como la historia de Pepe Mujica. Un final digno de lo que fue su vida.

Ocurrió casi una década después de que se publicó por primera vez *Una oveja negra al poder. Confesiones e intimidades de José Mujica*. En el medio, presentamos el libro en tres continentes, en más de diez países, se tradujo a seis idiomas y vendió más de 220.000 ejemplares en todo el mundo.

Hoy es oportuno volver a editarlo, aunque no sin antes contar algunas de las peripecias por las que pasamos en estos diez años que definen aún mejor al protagonista de estas páginas. Solo unas pocas, porque hay mucho material pendiente a ser procesado que necesita un poco más de tiempo para germinar. Pero sí vale la pena reproducir escenas de lo que fue la cercanía con alguien que al momento de traspasar la banda presidencial en marzo de 2015 ya se había convertido en un mito viviente a nivel internacional y discutido en su propio país, con muchos que lo odiaban y lo acusaban de todos los males y otros que lo amaban de forma casi religiosa, pero con prácticamente nadie que lo penalizara con la indiferencia.

A este libro lo presentamos, con la presencia de Mujica, el 3 de mayo de 2015 en la Feria del libro de Buenos Aires. El lugar no fue elegido al azar. Sabíamos del impacto que tenía Mujica en la capital argentina y de su cercanía con esa ciudad. Él nos había dicho muchas veces que su amor por Argentina era el más importante después del que sentía por su país y que hasta le hubiera gustado hacer política al otro lado del Río de la Plata.

La sala elegida fue la más grande del predio de La Rural de Palermo, donde se desarrolla cada año la feria del libro: alrededor de mil lugares disponibles. Se llenó en pocos minutos y quedaron muchas personas escuchando desde la puerta. A la salida, nos llevaron en una camioneta al lugar destinado para las firmas de ejemplares y, durante los 300 metros que recorrió, estuvo siempre rodeado de una nube de personas que golpeaban las ventanas y estiraban las manos hacia su ídolo.

A los pocos días, la presentación fue en Montevideo, ya con otro clima. El contenido del libro había generado mucho revuelo interno y un escándalo en Brasil. En una de las páginas que siguen a continuación Mujica reconoce que el entonces expresidente brasileño Luiz Inacio Lula da Silva estaba al tanto del mensalao, un sobresueldo que cobraban algunos diputados para votar en el Parlamento proyectos de su gobierno, y que este le había dicho que "era la única forma de gobernar Brasil". Todos los grandes medios de ese país tomaron la frase y el asunto estuvo en el tope de la agenda informativa durante días y hasta fue retomado tiempo después por el adversario de Lula, Jair Bolsonaro, que ganó las elecciones mostrándose más de una vez con *Una oveja negra al poder* en la mano.

Mujica recibió una llamada directa de Lula unas horas antes de la presentación del libro en Montevideo.

Pero nada lo amedrentó. Es más, fue y dijo que su motor de vida era la adrenalina que le generaba estar en el medio de la polémica pública. Al hablar esa tarde se refirió a la cantidad de veces que era criticado por sus palabras, o halagado, y a su función como iniciador de la reflexión, a como dé lugar. Pidió disculpas a los correligionarios que podía haber herido con sus reflexiones, pero también dijo que lo que contiene este libro era lo que él pensaba.

A los pocos días se fue de viaje a Europa con su esposa, Lucía Topolansky, visitó la tierra de su padre en el País Vasco y la de su madre en Italia. Descansó, se tomó un largo tiempo para caminar por algunas ciudades y recorrer la campiña europea y visitó familiares indirectos y también amigos políticos de aquella zona del mundo. Se la debía, se la había prometido a sí mismo y a su esposa, como leerán en las últimas páginas de este libro.

Volvió descansado, ya preparado para una nueva etapa como senador de la República en un gobierno de su colectividad política. El 20 de julio de 2015, antes de realizar el primer viaje con nosotros para presentar el libro en el exterior, nos adelantó cuál sería su estrategia. "Yo me tengo que concentrar en otros países, aprovechar esa fama internacional que he logrado para beneficiar a Uruguay", nos dijo.

Contó, además, que, ya en el reciente viaje por Italia y España, se había dado cuenta de que su figura se había transformado en una especie de "predicador laico". No podía caminar ni una cuadra sin que lo pararan para pedirle una foto, un abrazo, un comentario o un autógrafo. Le pasaba hasta en los pueblos más alejados.

En su despacho, su secretaria tenía una carpeta repleta de invitaciones para viajar al exterior. Desde universidades hasta gobiernos y partidos políticos de todo el mundo querían tenerlo de visitante. Desde China y Japón hasta Sudáfrica, Estados Unidos o Vietnam.

Nosotros le informamos que también teníamos ofertas de editoriales de distintos países que querían comprar los derechos del libro para traducirlo y venderlo. "No tendrán nada mejor...", bromeó con una sonrisa un tanto irónica, muy característica de él.

Entonces, comenzó su nuevo periplo, el de Mujica embajador en el exterior de Uruguay, generando una atención internacional mucho mayor incluso que la de su sucesor, Tabaré Vázquez. Es más, eso generó cierta tensión entre ambos, que nunca tuvieron una relación muy cercana. El argumento de Mujica es que no quería "joderlo adentro de Uruguay", que cuanto más lejos estuviera, mejor.

Vázquez trató de separarse lo máximo posible de la figura de Mujica. Volvieron las corbatas, los trajes, las sesiones formales del Consejo de Ministros y las conferencias de prensa esporádicas. Cambió la decoración del escritorio central de la Torre Ejecutiva y hasta lo mandó fumigar, por si Mujica hubiera ido con su perra Manuela y el lugar tuviera pulgas. Todo un detalle.

Mujica se enteró de cada uno de esos movimientos pero siguió con su estrategia. El 29 de octubre partimos juntos, primero a Turquía y después a Colombia a presentar *Una oveja negra al poder*, que en turco se tradujo como *El presidente sin palacio*.

Fueron cerca de 15 días de convivencia, en los que conocimos todavía más de cerca a nuestro biografiado. Con sus luces y con sus sombras. Con el don de la palabra que hacía vibrar multitudes, sea en el idioma que sea, pero también con el silencio y el malhumor que algunas veces se apoderaba de él al bajar del escenario.

A la llegada en Estambul, lo esperaban con un operativo de seguridad y de custodia digno de un líder mundial. Varios guardaespaldas, camionetas y motos abriendo el paso y otras cerrándolo, un auto para él y una camioneta para la comitiva, y reuniones con casi todas las principales autoridades del país.

Él terminaba el día cansado, pero cumplía con cada una de las reuniones protocolares y para todas tenía alguna frase polémica. Cuando las cámaras se apagaban, apenas hablaba con su entorno y emitía algún sonido de rezongo por lo intenso de la agenda.

Con nosotros, en los ratos libres, le gustaba hablar de política uruguaya, entre otras cosas. En esos momentos evaluaba si asumir la presidencia del Frente Amplio y en su cabeza empezaba a crecer la idea de poder volver a ser candidato presidencial en cinco años. Pero la edad le jugaba en contra y lo sabía. "Si tuviera diez años menos…", repetía una y otra vez como dejando en claro que le encantaría retomar la competencia electoral.

En esos días por Estambul y otras ciudades turcas, sacarse fotos fue una de sus principales actividades. Todos los que lo reconocían por las calles le pedían una, al igual que los que lo recibían en agenda protocolar. Se llegó a sacar más de 200 fotos en un solo día. Turcos, italianos, españoles, saudíes, japoneses, latinos, alemanes, todos querían llevarse su recuerdo.

"El problema es que ya no quedan líderes en la izquierda. Me estoy transformando en una especie de Che Guevara viejo y no tengo nada que ver. Hay mucha confusión con los Tupamaros, el Frente Amplio y la guerrilla. Hay que sacar un poco esa idea mística de la revolución. Yo me voy a morir como un viejo reumático o tirado en una cama", fue una de sus reflexiones de aquellos días.

Durante todo ese viaje, que siguió luego por Colombia, y también en algunos posteriores por España y Alemania, se dedicó a aclarar que no tenía nada que ver con los líderes revolucionarios de la izquierda latinoamericana, que él ya estaba viejo y totalmente inmerso en el sistema. Pero eran su historia, su pasado inmediato como presidente y su forma de ejercer el poder lo que lo ubicaban en el centro de la atención. Lo sabía y tampoco evitaba mostrarlo. Una y otra vez.

En abril de 2016 el destino fue bastante más lejano. El lugar de presentación del libro fue Japón, al otro lado del mundo. Otro continente, otra cultura, otro mundo. Dos días para llegar y dos días para volver. Tokio, Osaka,

Hirosima y Kyoto. Más visitas a autoridades, presentaciones, recorridos de las ciudades, saludos protocolares, cenas formales en embajadas, intensidad y alta demanda.

Encima, antes de llegar a Tokio, el canal Fuji de la televisión japonesa emitió un documental sobre Mujica que vieron once millones de personas. Fue como aterrizar con Mick Jagger. Japoneses esperándolo en el aeropuerto, japoneses agolpados en la puerta del hotel, japoneses llenando las instalaciones de las universidades que visitaba, japoneses pidiendo autógrafos, japoneses que sabían a la perfección quién era Mujica, aunque no tenían claro ni dónde quedaba Uruguay.

La diferencia horaria, doce horas con respecto a Uruguay, llevó a que tanto Mujica como Topolansky pudieran dormir muy poco por las noches. A la madrugaba se levantaban a tomar mate y a mirar Tokio desde un piso 38, donde estábamos alojados. A media tarde del día siguiente, ambos dormitaban en las conferencias o se ponían de malhumor por el excesivo ceremonial de los japoneses, aunque disfrutaban cada uno de los días que se iban sucediendo como un encuentro con un mundo nuevo largamente postergado.

"Me siento un payaso", dijo una de esas tardes Mujica cuando lo subieron al asiento delantero de un Fusca japonés para ir a visitar una de las principales universidades públicas del país. Rezongó a los organizadores y les advirtió que no quería más "inventos", pero minutos después, al llegar a un aula universitaria con más de 500 estudiantes japoneses, el malhumor se le fue rápidamente. Topolansky lloraba de la emoción.

Días después volvieron las lágrimas, pero por otros motivos. Fue después de recorrer en Hiroshima el museo en memoria a la caída de la bomba atómica en esa ciudad el 6 de agosto de 1945, lanzada por un piloto estadounidense, y que provocó la muerte de cerca de 100.000 personas y secuelas a más de 200.000. Al finalizar el circuito, que incluyó la visita a unas ruinas emblemáticas y una ofrenda floral en el monumento alzado en recuerdo de las víctimas, Mujica y Topolansky se sentaron en un restaurante cercano a tomar un té en silencio. Permanecieron por unos minutos sin hablar, con los ojos humedecidos, y después Mujica dijo que solo eso había valido los dos días de viaje en avión para "atravesar el mundo". "Esto también es parte de lo que hemos sido, somos y seremos", sentenció, remarcando la primera persona de plural. "Una mierda".

Casi todo en Japón lo sorprendía y emocionaba mientras su popularidad iba creciendo. Pero en forma recurrente volvía en su cabeza a lo que estaba sucediendo en su país, al otro lado del mundo. En esas noches que se hacían eternas y días somnolientos nos dijo, por ejemplo, que Vázquez estaba haciendo "muy poca cosa" desde el gobierno porque "su principal objetivo solo era llegar por segunda vez" a la Presidencia y después "se quedó sin libreto".

"Si seguimos así, casi seguro que perdemos en 2019", nos adelantó en aquel primer semestre de 2016. Ya tenía claro que el Frente Amplio no se estaba desempeñando bien y que su ciclo en el Poder Ejecutivo parecía estar agotándose. Varias veces más a lo largo de los años siguientes repitió esa frase como una profecía que finalmente se cumplió. Nunca perdió el olfato.

De lo que sí se arrepintió es de no haber apoyado a Danilo Astori, que había sido su vicepresidente, como candidato a la presidencia. Meses antes de morir nos dijo que ese había sido su principal "error político". Es más, hasta trató de decírselo a él personalmente, pero no llegó a tiempo. Astori falleció a fines de 2023, cuando ambos tenían una reunión ya agendada para hablar de cuestiones del pasado. Lo dijo en el velorio, a todos los periodistas, pero ya era demasiado tarde.

Al llegar al aeropuerto de Montevideo, de regreso de Tokio, cansado por vuelos y más vuelos y hoteles y saludos y charlas y firmas y fotos, e impactado por su popularidad al otro lado del mundo, volvió sobre el tema de por qué no volvería a ser candidato presidencial. "El Frente Amplio va a perder y yo no quiero ser el padre de la derrota. Es mucho lo construido hasta ahora y que tengo que cuidar", dijo.

Que iba a seguir participando activamente en todos los debates políticos, "Sí, por supuesto", nos adelantó. Que iba a seguir ocupando el rol de provocador, ese que a veces dice algo muy políticamente incorrecto para sacudir la estantería y dejar a sus adversarios en pie de guerra, también. Pero candidato, no.

De todas formas, con ese asunto iría y volvería más de una vez en los siguientes años, aunque ya parecía una decisión tomada en aquellos tiempos. Después cambiaron las circunstancias y creció el odio interno de una parte de los uruguayos hacia su persona. "No quiero dividir al país al medio siendo candidato", fue entonces otro de sus argumentos para descartar su postulación. Tenía sentido. También el anterior. Pudo más la razón que la pasión en su vida en esa oportunidad.

Luego vinieron otros viajes, principalmente por América Latina y Europa, en donde iba dejando registros y más registros para la historia. La figura internacional ya estaba consolidada, vivía su apogeo después de haberse diseminado como una especie de aire puro en el agobio de un mundo contaminado por el consumismo. Las nuevas tecnologías de la comunicación lo ayudaron a agigantar la leyenda y hacerse mito viviente en muy poco tiempo.

Al visitar México en octubre de 2016, dio en Tijuana un discurso en un estadio, con capacidad para 15.000 personas, repleto. Antes de subir al escenario nos dijo que en ese momento se acordaba de las grandes figuras populistas de la historia y en el mérito que tenían al haber podido movilizar a las masas. Recordó a Perón y a Fidel Castro, pero también a Mussolini y a Hitler. El arte de la comunicación masiva estaba de su lado y cada vez lo afinaba más.

En ese viaje, además de presentar el libro en República Dominicana y México, fue el invitado de honor en la asamblea general de la Sociedad Interamericana de Prensa (SIP). Dio el discurso de cierre del evento, lo que para él fue uno de los mayores honores, después de terminar su presidencia. Lo fue porque en esa oportunidad, como auditorio, tuvo a casi todos los directores de los principales diarios de América Latina y Estados Unidos, y eso significó para Mujica la confirmación de que había llegado.

Durante el vuelo para México no daba crédito de lo que le estaba pasando. Una y otra vez revisaba su discurso y se lo mostraba a algunas personas de su confianza. Sopesaba cada palabra, cada giro, porque sentía que haber sido elegido por dueños de medios de comunicación que históricamente estuvieron en sus antípodas era un gran reconocimiento a su pragmatismo y al éxito de su trabajo de abrir todas las puertas lo máximo posible. "Esta es la frutilla de la torta", nos dijo desayunando la mañana en la que pronunciaría su discurso y se llevaría una prolongada ovación.

Después vino Italia. No una, sino dos veces. La segunda para presentar una película sobre su vida, realizada por el director serbio Emir Kusturika, en el festival de Venecia de agosto de 2017. *Pepe Mujica. Una vida suprema* es el nombre y la vieron millones de personas alrededor del mundo. En cines y en Netflix.

Antes, en noviembre de 2016, el motivo de la visita fue presentar este libro, traducido al italiano, en distintas ciudades de ese país. Ocho, para ser más precisos. En todas con anfiteatros desbordados y cientos de personas tratando de acercarse para conseguir una palabra, una firma, un saludo.

Una de las primeras actividades que tuvo al aterrizar en Roma fue visitar al papa Francisco, su amigo, fallecido también unas semanas antes en el abril del año 2025. Participó junto con él en un evento con jóvenes católicos de toda América Latina. "Tenemos al Papa y al Pepe", los presentaron esa tarde por los parlantes del principal auditorio del Vaticano, ante miles de fieles. Minutos después, ambos se estaban fundiendo en un abrazo.

En ese viaje, estando al norte de Italia, muy cerca de la hermosa ciudad medieval de Ferrara, se enteró de que Donald Trump había ganado las elecciones de Estados Unidos. "¡Socorro!", fue su primer comentario. Lo hizo en público y luego en privado desarrolló la idea. "El mundo se está destruyendo a sí mismo cada vez más rápido", fue su conclusión.

La siguiente visita a Italia, Roma primero y Venecia después, pasando en el medio por algunas ciudades del norte, incluida Milán, fue mucho más cerca de las elecciones de 2019. El clima electoral se sentía en muchas de las conversaciones. La posibilidad de que volviera a postularse, al menos como vicepresidente, estaba arriba de la mesa.

Dos escenas de ese viaje definen la etapa de mito viviente que Mujica estaba atravesando en esos tiempos, especialmente a nivel internacional, y muestran cómo había asumido ese rol y lo manejaba a la perfección. La primera se refiere a una cena en su honor que se celebró en un castillo medieval en la ciudad de Mantua, al norte de Italia. Mantua es una localidad con más de diez siglos de historia y todavía mantiene algunas partes construidas antes del Renacimiento. Es como viajar en el tiempo. La noche que estuvo allí, el gobernador quiso agasajar a Mujica y convocó a las principales autoridades de la ciudad, más las principales figuras artísticas y empresariales locales, a un palacio histórico a degustar un menú basado en la trufa, un hongo muy difícil de conseguir, considerado una de las mayores delicias y delicadezas del mundo.

Había una orquesta tocando música clásica y Mujica estaba ubicado en la cabecera de la mesa principal, ante la atenta mirada de más de cincuenta comensales. Al finalizar el concierto, se prendieron las luces y empezaron a aparecer mozos vestidos de gala para la ocasión con los platos del primero de tres pasos de un menú basado en trufas. Por supuesto que el primero al que sirvieron fue a Mujica, que alejó el plato varios centímetros hacia adelante.

"¿Se siente bien?", le preguntó el gobernador de Mantua. "Sí, pero vengo comiendo mucho estos días", respondió. "Pruebe por lo menos", le recomendaron. "No, lo único que quiero es un café con leche". Varios sonrieron incómodos. Otros se miraron sorprendidos.

"¿Un qué?", preguntó el gobernador en italiano. "Una taza, un poco de café y un poco de leche", respondió Mujica. “Sin azúcar”. Y esa fue su cena. Mientras los mozos iban y venían con los manjares y los comensales hacían comentarios sobre las maravillas que estaban comiendo, Mujica saboreaba, sorbo a sorbo, su café con leche y mojaba en él un poco de pan como acompañamiento.

El otro episodio ocurrió en pleno Festival de Venecia. Pasó de todo el día en el que presentaron la película de Kusturica. Mujica dio más de diez entrevistas con las grandes cadenas de noticias y medios de todas partes del mundo. Un día antes, participó también de una conferencia de prensa con el director y los actores de otra película que lo tiene como protagonista, *La noche de 12 años*. Desde *El País* de Madrid hasta *The New York Times*, pasando por las cadenas internacionales BBC y CNN, lo entrevistaron durante esas 48 horas. Hasta tuvo que consolar a una fanática que lo fue a esperar a la entrada del estreno de la película de Kusturica y al verlo lloraba y temblaba, sin animarse a pedirle un autógrafo.

Resulta que en el momento en el que lo fueron a buscar para hacer una sesión de fotos con el director serbio, con todos los fotógrafos acreditados en el festival esperando, se negó. “No soy un monito, no voy nada”, dijo enojado. Muchos, incluido Kusturica, trataron de convencerlo, pero no hubo caso. Se terminó encerrando en una habitación con el actor argentino Leonardo Sbaraglia, otro de sus admiradores, que acudió a socorrerlo del asedio. “Me tienen podrido”, dijo quien había viajado más de 12.000 kilómetros para formar parte de ese espectáculo.

Al terminar el estreno, ante una sala repleta que lo aplaudió de pie, Kusturica se acercó a abrazarlo con los ojos llenos de lágrimas. Él le agradeció, muy emocionado, pero pidió para irse por la puerta más oculta y así esquivar la demanda de la gran audiencia.

Camino al aeropuerto de Venecia, en un bote taxi alquilado, hizo algunos comentarios puntuales sobre la película, pero sin conmoverse demasiado. Las lágrimas llegaron cuando revivió la última escena, en la que está junto a su pareja, cantando un tango. "Es una linda historia de amor". Fue lo que más le quedó de lo que al director serbio le llevó años de trabajo. Después, se desconectó mediante un simple suspiro de todo el barullo cinematográfico en el que venía envuelto y que lo tenía como centro de atención desde hacía días y, en la espera para embarcar al avión de regreso a su tierra, se puso a hablar de las próximas elecciones en Uruguay.

Otra vez, fue y vino. Faltaba más de un año para las elecciones y no tenía del todo claro qué iba a hacer. Es más, en ese momento estaba valorando otra vez la posibilidad de apoyar a Astori como candidato a presidente y ser su candidato a vice. "Pero ya somos dos viejos", decía para convencerse de lo contrario.

También dio una pista en los meses posteriores de lo que él mismo protagonizaría años después. En aquellos tiempos, Vázquez estaba muy enfermo. Le habían diagnosticado un cáncer de pulmón y se lo notaba muy desmejorado. Por eso, había resuelto no mostrarse demasiado en público.

Mujica nunca entendió esa actitud. "Es al revés", nos dijo más de una vez. Creía que lo que debía hacer un líder político si estaba enfermo era mostrarse, y más en tiempos electorales. Que los votantes lo vean para valorarlo más y darse cuenta de que puede dejar de estar en un futuro cercano. "Esconderse es lo peor en estos casos", nos dijo.

El Frente Amplio perdió las elecciones de 2019, como Mujica había pronosticado. El candidato fue Daniel Martínez, alguien por el que nunca tuvo simpatía, y su barra se negó a apoyar a Astori, por entonces ministro de Economía, como candidato. Él cedió, algo de lo que después se arrepentiría.

A un año de las elecciones nacionales de 2019 dijo que se iba a hacer unos estudios médicos para evaluar la posibilidad de volver a candidatearse. Le duró apenas cuatro días ese empuje. Su esposa y algunos de sus dirigentes más allegados se encargaron de que lo descartara. "Si hago el esfuerzo de una campaña electoral, me muero en el camino y encima antes me tengo que divorciar", nos dijo como justificativo.

En público habló de que su liderazgo generaba muchos amores, pero también odio entre los uruguayos, y que no quería seguir alimentando una grieta cada vez más profunda. Sea por una cosa o la otra, o por una combinación de varias, lo cierto es que no jugó un rol protagónico en la campaña que en 2019 perdió el Frente Amplio.

Y así como siempre fue difícil derrotarlo electoralmente si él se ponía como protagonista, también era muy complicado tenerlo como adversario en la interna partidaria. Años antes, durante un almuerzo en la ciudad de Múnich, en donde habíamos hecho escala en nuestro viaje a Japón, nos había dicho que "el ciudadano Daniel Martínez" no contaba con su confianza y que ese podía llegar a ser un "problema" para él. Su tono fue de broma, pero no tanto. Fue premonitorio, además.

Sin ninguna duda, tenía el "don de la palabra", como él mismo se encargó de destacar más de una vez o escucharon multitudes alrededor del mundo. Lograba dejar en absoluto silencio a cientos o miles de personas agolpadas en teatros, galpones o estadios en América Latina, así como en ciudades tan lejanas como Estambul o Tokio. Lo que decía y cómo lo decía cautivaba a una audiencia deseosa de escucharlo. Cuanto más lejos de Uruguay se encontraba, más hablaba de filosofía y menos de ideología política. Adaptaba perfectamente el discurso a su audiencia para lograr un éxito significativo en cada una de sus alocuciones.

Pero abajo del escenario, cuando terminaba ese show que se repetía hasta el cansancio en cada una de las giras, era una persona muy distinta, con ganas de reposar la mente. A veces aparecía con algunas teorías extrañas sobre los organizadores de las giras o se detenía a explicar al detalle lo que le mostraba el paisaje al otro lado de las ventanillas de los medios de transporte que nos llevaban a los distintos lugares. Y fueron de todo tipo: aviones, trenes, autobuses, autos, barcos, no faltó casi nada.

En 2020, cuando llegó la pandemia y las fronteras de todo el mundo se cerraron por más de dos años, Mujica estuvo mucho tiempo disfrutando de su chacra, en Rincón del Cerro, participando en muy pocas actividades públicas, por temor al contagio del COVID.

Se activó más todavía. Estar cerca de la tierra, de su tierra, y tener mucho tiempo le hizo bien. No quiere decir que haya suspendido su agenda internacional. La transformó en virtual y eso para él y para su compañera fue un gran beneficio. Ya estaban cansados de los viajes y la demanda internacional. Más de una vez nos habían dicho "este es el último", pero luego venía otro y otro y otro.

Las entrevistas con líderes políticos, intelectuales, músicos y periodistas de todo el mundo siguieron, pero a través de las pantallas de computadora que le facilitaban los más jóvenes de su entorno. Se sumergió en la tecnología, llevado de la mano de su barra. Así mantuvo largas charlas con referentes mundiales como Harari o Chomsky, Lula o Roger Waters, para poner solo algunos ejemplos. Su fama permaneció incambiada y se encargó de regarla cada vez que fuera necesario, como buen conocedor y amante de las plantas y la naturaleza.

El 2024, el último año completo de su vida, implicó un cierre difícil y también épico. A fines de abril anunció públicamente que sufría cáncer de esófago. Lo hizo mediante una conferencia de prensa, contando los detalles, mostrándose frente a las cámaras. Recorrió un camino muy distinto al que había elegido Tabaré Vázquez años atrás.

Fue año electoral y asumir públicamente su enfermedad era algo más que necesario, a su entender. Había mucho en juego y en todo momento hizo valer su peso en votos, más allá de su enfermedad o, mejor expresado, junto a su enfermedad. Como había reclamado, sin éxito, años antes a Vázquez.

Inició un tratamiento que lo debilitó muchísimo. A mediados del año, luego de que su candidato Yamandú Orsi ganara la interna partidaria, sumó a la experiodista Blanca Rodríguez, una de las más populares de Uruguay, al Espacio 609, creado por él. Fue uno de los grandes sucesos de la campaña electoral. La presentación formal de Blanca Rodríguez a la prensa la hizo recién salido del sanatorio, en silla de ruedas, ante las cámaras y la opinión pública uruguaya.

Su salud desmejoró rápidamente después de ese episodio. A principios de setiembre estuvo al borde de la muerte. Muy cerca. Todo su entorno veía difícil que pudiera salir de una internación que tuvo en esos días, estaba totalmente deshidratado. Pero cambiaron el tratamiento, la forma de alimentarlo, empezaron a hacerlo de manera directa al estómago y logró recuperarse.

Y volvió el Mujica de siempre. El guerrero. El juntavotos. El decisivo en el último tramo de la campaña. Habló mucho y en distintos lados. Dio un discurso muy emotivo en el acto de cierre de campaña de su grupo, el MPP, generando el llanto de muchos de los que lo escuchaban y también brindó varias entrevistas, siempre generando polémica y atrayendo la atención.

Muchos lo criticaron y sus adversarios los citaban una y otra vez para intentar debilitar al Frente Amplio. Fue al revés. Su candidato ganó las elecciones, se transformó en presidente y el MPP obtuvo un tercio del Senado y de la Cámara de Diputados, además de la cúpula del Poder Ejecutivo.

Entonces volvieron los halagos, las entrevistas con los principales medios internacionales, la alimentación del mito, que había terminado de consolidarse. Se cerró el ciclo. El electoral y también el de su vida. Porque el año lo terminó de la peor forma, con la noticia de que el cáncer no solo no había retrocedido, sino que le había hecho metástasis en el hígado.

Lo asumió con mucha altura. Tranquilo. Informó a la opinión pública los primeros días de enero, con el pedido de que lo dejaran "tranquilo" porque se estaba muriendo, porque ya no había vuelta, porque había llegado el momento. "Hasta aquí llegué", dijo y pidió suspender cualquier tipo de tratamiento, salvo para calmar el dolor.

Y se dedicó a arreglar sus cuestiones más íntimas. Con Lucía, con los que lo cuidaron los últimos años, con su chacra. Así como en la última década, después de publicado este libro, esparció semillas con sus discursos por todo el mundo, ahora lo hizo en su espacio. Eligió que quedara todo en orden.

Con la tranquilidad de Yamandú Orsi como presidente, también tuvo tiempo para pensar durante sus últimos días en posibles sucesores dentro del MPP. Nos habló de Alejandro Pacha Sánchez en la última conversación que mantuvimos. "Está clarísimo que va a ser candidato en la próxima... Y lo bien que hace", nos dijo, satisfecho por todo lo que estaba dejando. "Deber cumplido, la barra está preparada", suspiró con las pocas fuerzas que le quedaban.

Vale la pena volver a vivirlo en sus años de mayor poder político como presidente de Uruguay. Volver a seguirlo, a leerlo, a reinterpretarlo, a tratar de entenderlo. Por eso la reedición de este libro y también este capítulo introductorio. Al otro lado del mundo, durante el viaje que hicimos a Japón, desde la ventanilla de una camioneta que nos trasladaba de una ciudad a otra, Mujica divisó un cementerio en un espacio muy pequeño. "No es lugar para mí", dijo. "Yo prefiero estar esparcido, que me cremen y mis cenizas se esparzan en mi chacra como las semillas que me he dedicado a cultivar", manifestó como deseo.

Después eligió el lugar, una secuoya frente a su casa: el mismo sitio donde enterró a su perra Manuela, que comparte con él la portada de este libro.

Otra vez, esparcido. Desde allí, su pequeño mundo, al otro mundo, a todo el mundo. Otra vez, aquí también, como fue su deseo.

1

El origen

Tokio. Un arquitecto recibe en su teléfono celular un mensaje vía Twitter. El texto, que hace referencia al "discurso más importante de la cumbre de Río", está enlazado a un video de poco más de diez minutos. Luego del clic, un veterano de pequeños bigotes gesticula con fuerza en medio de la pantalla hablando contra el consumismo y abajo se suceden los subtítulos en japonés. Sus palabras y su aspecto conmueven al profesional nipón. Tanto que decide poner en su computadora: ホセ・ムヒカ. Así se entera de la existencia de un país, al otro lado del mundo, que se llama Uruguay, de un grupo guerrillero conocido como Movimiento de Liberación Nacional - Tupamaros, que operó y tuvo su apogeo en la década de 1960 y comienzos de los años setenta, y hasta de una chacra en un lugar con el nombre Rincón del Cerro que tiene a una perra de tres patas, Manuela, como su anfitriona.

ホセ・ムヒカ significa José Mujica. Es él quien habla ante los presidentes reunidos en Río de Janeiro, al otro lado del mundo. El arquitecto japonés siente que accedió a una pieza extraña, digna de que la luzca ante sus contactos, y la reenvía. A uno y a otra y a otro y otro. Así, el discurso del presidente del país desconocido y lejano se multiplica por distintas ciudades de Japón.

Moscú. Las calles laterales a la plaza Roja están llenas de manteles en las veredas con recuerdos para ofrecer a los turistas. Hay gorros, escarapelas, pequeños pedazos de la Unión Soviética que fue y sobre todo *mamushkas*, esas figuras barrigonas que se abren al medio y de una más grande sale una más pequeña y así sucesivamente.

Los vendedores gritan sus ofertas, exhiben su mercadería. Las *mamushkas* son sus objetos más preciados y las muestran como trofeos. Las hay de líderes del mundo, de figuras del deporte, de referentes históricos. Entre ellas hay una de Mujica. El dibujo es muy fiel a la realidad, aunque presenta un solo problema: le pusieron corbata.

Tramútola. El pequeño pueblito entre las montañas italianas del sur, en la mitad de la Basilicata, luce muy tranquilo. Es viernes de tarde, otoño, y en una de las mesas del bar de la plaza central, en la vereda empedrada, tres amigas hablan casi a los gritos y mueven sus brazos de forma elocuente. El tema de conversación es Pepe Mujica.

Una de ellas tiene familiares en Uruguay. Más allá del fútbol y del nombre de algún jugador, no conocían nada de lo que ocurría por esas tierras al sur del sur. Ahora todos hablan de Pepe, el *presidente más pobre del mundo*.

La televisión, los diarios, los intelectuales, los feriantes. Todos quieren saber más. Las amigas están emocionadas como si hubieran descubierto algo nuevo que las une, ya sea por los lazos sanguíneos con aquel país que ahora está en las noticias, o por contagio.

Tokio, Moscú y Tramútola. Tres anécdotas que tuvieron lugar entre 2012 y 2014 y que sirven para tener una idea de la repercusión internacional de Mujica luego de llegar a la Presidencia de Uruguay. Una ironía de la historia. Una gran ironía de la historia y una de las fotos más realistas de los tiempos actuales. De ironías, historias, fotografías y tiempos actuales es de lo que trata este libro.

Su protagonista es Pepe Mujica. El otro. Y él mismo. El que fuimos conociendo durante más de quince años, primero con cierta distancia y después muy de cerca. El de noches y noches de largas charlas, entre botellas de vino, o el que nos recibía en los pasillos del Parlamento o en el despacho presidencial o en un pueblito alejado de Uruguay o en mansiones destinadas a visitantes ilustres extranjeros en ciudades como Hamburgo o La Habana.

Así se fue haciendo el libro. Con la idea de mostrar lo que hay detrás de este fenómeno internacional, con resistencias en Uruguay pero con un lugar ya asegurado en la Historia. Con el objetivo de intentar encontrarle sentido a la ironía que significa que alguien, que siempre criticó el poder y dijo que no podría ser presidente, terminó desde ese lugar adquiriendo fama mundial y transformándose en una especie de *oveja negra* modelo de la política internacional.

La idea, que después se hizo libro, surgió el 22 de setiembre de 2005. Esa tarde estuvimos varias horas con Mujica en su chacra de Rincón del Cerro. Se cuentan por cientos las horas que compartimos con él, durante los últimos años como diputado, como senador, como ministro o como presidente. Siempre igual. La confianza se logró por los años de trabajo. Él como político, nosotros como periodistas.

La charla de ese 22 de setiembre tuvo algunas particularidades. Llegamos a su casa a media tarde y estaba solo, tomando mate. La intención era hacerle una entrevista para el semanario *Búsqueda*, en la que evaluara el primer año de gobierno de la izquierda en Uruguay. Así empezó, con las preguntas de rigor, pero Mujica tenía ganas de profundizar y terminamos hablando de la elección nacional que tendría lugar en 2009. Se lo veía entusiasmado, y entonces llegó la pregunta obvia:

—¿Vas a ser candidato?

—*Estoy muy viejo. Tendría 75 años, si llego vivo. No es para un botija, pero es bueno para un sesentón. Yo tengo dificultades para ser buen administrador. Ahora, para juntar votos no tengo ninguna clase de problemas y eso quedó demostrado. El problema sustantivo es un problema de edad.*

—¿Entonces no te ves como presidente a los 75 años?

—Esa verga no es para mí. Pero me parece que de aquí para allá no está despejado el camino de quiénes pueden ser candidatos. Puede surgir algún otro pero yo no.

¿Podría ser para él?, nos preguntamos de regreso al centro de Montevideo y nos resultó raro de solo pensarlo. No era una posibilidad que se estuviera manejando. Casi nadie en Uruguay lo veía como posible candidato y mucho menos como presidente.

Los meses fueron pasando y su popularidad creciendo. Desde el Ministerio de Ganadería lideró uno de los principales sectores del gobierno y se fue consolidando como posible postulante. Él lo negaba, pero ya sin tanta firmeza.

Su candidatura maduraba, se venía, pero no para la mayoría de los politólogos. Su informalidad, su lenguaje llano y su insistencia en colocarse fuera de la competencia eran leídos por los especialistas como un gigantesco *no* a sus posibilidades presidenciales.

"Yo no soy masón ni profesional universitario", decía cuando le preguntaban si podía llegar a ser el jefe de Estado de Uruguay. "Soy sapo de otro pozo", nos comentaba por lo bajo a nosotros. Pero lo contradecían las encuestas.

¿Y si es para él?, dudábamos en ese entonces. El presidente era Tabaré Vázquez y le había dicho en privado, a mediados de 2008, que le gustaría que fuera el candidato a vicepresidente de Danilo Astori, que entonces era ministro de Economía y que ya se había postulado una vez a la Presidencia. Mujica se emocionó con la propuesta. "Tengo un notición para contarles", nos adelantó en ese momento. Sonreía como un niño.

A la primera que se lo dijo fue a su esposa, Lucía Topolansky. Se habían casado hacía apenas dos años, luego de convivir toda una vida. Comenzaron su relación a principios de los 70, en la clandestinidad guerrillera, abrigados por la bandera tupamara, y desde entonces solo los años de prisión los mantuvieron separados.

"Para arreglar los papeles", argumentó él luego de dar el "sí" ante un juez del Estado y recibir de su mano la libreta de matrimonio. Claro, el concepto de "papeles" es muy amplio y para ser presidente de Uruguay es necesario estar casado. La ceremonia fue el 7 de octubre de 2005. Años después nos aseguró que no lo hizo pensando en su candidatura. A ella nunca se lo preguntamos.

Cuando Topolansky recibió la noticia de que Vázquez quería que la fórmula fuera encabezada por Astori y secundada por Mujica, también se alegró pero no se mostró del todo convencida. "Hay que conversar con los compañeros", le dijo.

> *Lucía es una militante de la vieja guardia. De esas que no van a venir más. Era otra cosa todo eso. No sabés si la militancia se transforma en una manía, en una forma de ser, en una pasión o en todo junto. Yo también milité toda la vida. Ni me acuerdo de cuándo*

empecé. Y la barra que formó el Movimiento de Liberación Nacional tenía mucho de eso. Después se creó una mística pero era pura militancia. Ellos me convencieron de que fuera candidato.

¿Y por qué no iba a serlo? Tenía los votos, la estructura, el ego y sobre todo las ganas. La cúspide de la carrera de cualquier político no está a la vuelta de la esquina, pero para él estaba cerca, muy cerca. Salir corriendo para el otro lado no era una opción. La "piel de cocodrilo o caparazón de tortuga", esa que para Mujica es tan necesaria para tener un rol protagónico en política, la tenía incorporada.

Y aceptó el desafío. Lo dijo de a poco para no generar alarma. Lo fue dando a entender mediante una de sus principales armas: la palabra. Un día decía que sí, otro que más o menos y otro que no, aunque siempre sugiriendo que sí. Lo único que repetía era que su llegada a la Presidencia sería un "terremoto".

Así le ganó las elecciones internas a Astori en 2009 y se puso un traje, aunque sin corbata, para ir a visitar al entonces presidente brasileño Luiz Inácio *Lula* da Silva. Elaboró toda su campaña apostando a lo diferente. Hizo de esa debilidad algo a su favor. Fue a contramano en momentos de política devaluada. Y siguió sumando votos.

Colocó su pasado por delante para que no estorbara. "No tengo culpa de mi peripecia. Mi peripecia es consecuencia de que me agarraron y tengo una historia distinta a los demás presidentes", decía. El fenómeno generaba cada vez más curiosidad.

Y también contó con ayudas importantes desde el exterior. Además de Lula, que desde ese momento se transformó en su padrino, colaboraron a su manera la presidenta argentina Cristina Fernández de Kirchner y el venezolano Hugo Chávez. De eso también trata el libro. Porque también gracias a ellos ganó. Y empezó a gobernar. Y se hizo famoso en el mundo. Y promovió reformas sociales. Y fue criticado por su falta de ejecutividad y por su desprolijidad. Y generó amores. Y odios. Y todo lo vivió con mucha pasión. Y nos lo contó a veces con ganas, a veces con bronca, a veces como desahogo, a veces entre lágrimas.

De todo eso trata este libro.

¿Era para él?, sigue siendo la pregunta una vez concluida su Presidencia. El mundo exterior parece decir que sí a gritos, pero dentro de las fronteras de su país los gritos son a favor y en contra.

Pasó a ser Pepe Mujica para toda Latinoamérica, Europa, Estados Unidos y algunos países de otros continentes. La habilitación del matrimonio gay, la despenalización del aborto y la regulación de la producción y la comercialización de la marihuana por parte del Estado lo colocaron a él y a Uruguay por unos años en el mapa.

El *presidente más pobre del mundo* fue el mote que le pusieron y así caminó hacia los focos, como una *oveja negra* orgullosa de serlo y con ganas de mostrarse. *Una estrella en la oscuridad* de la política mundial es la definición que prefiere.

Un Quijote con disfraz de Sancho es la que eligió su amigo, el antropólogo Daniel Vidart[1], al ser entrevistado por la periodista Silvana Tanzi para la sección cultural del semanario *Búsqueda*. "Es un capo, Vidart", dice Mujica. "Es una cosa bárbara. Esa es de las mejores definiciones que me han hecho".

Mucho ruido para que no haya resistencias. Y las hubo. Con razón y sin razón. Con insistencia y sobre todo con pasión. Mujica no pasa desapercibido y mucho menos como presidente. Y de eso también trata este libro.

"Soy un poeta frustrado. Siempre me gustó trabajar con las palabras", nos dijo una de las tantas noches de charlas. De sus palabras y de un trabajo periodístico de años que incluye a cientos de consultados, muchos viajes al exterior y al interior del país y miles de horas como observadores privilegiados, es de donde surge la materia prima.

La palabra, la confianza, el pensamiento del protagonista en la intimidad, la persona detrás del personaje.

A eso vamos.

A presentar a un hombre que dice que no es "pobre", que es "austero" para tener su "libertad" y que para eso es

---

1. Uno de los principales académicos uruguayos, nacido en 1920 y con más de veinte libros sobre Historia y Antropología publicados.

necesario "andar liviano de equipaje". Y lo explica contando que cocina, lava los platos, realiza sus compras, dona la mayoría de su sueldo y vive en una casa de tres ambientes. Lo "raro" de su vida quizá sea la autenticidad.

> *Me vienen a buscar periodistas de todos lados porque el asunto es que tengo gancho. No tengo la culpa, hablo de lo que soy y vivo como quiero. Lo increíble es que ahora eso sea lo diferente. Hay muchos que no pueden creer que a este viejo de mierda le den la pelota que le dan en distintos lados del mundo. Pero yo no hago nada para eso, salvo vivir como quiero, esté donde esté. Ni pobre ni nada. Pobres son los que están atrás de la guita, que viven presos.*

A exponer a alguien que explica su fama internacional por la "crisis brutal" que atraviesa el sistema político a nivel mundial, en el que siente que "brilla pero en un cielo casi sin estrellas", opacado por la mediocridad de los presidentes que están más preocupados por las "pilchas" y los "votos" que en "pensar un poquito".

> *En el exterior los líderes políticos no dicen nada. Los discursos están vacíos de contenido. Por eso me dan tanta pelota. Yo digo cosas, estarán de acuerdo o no. Pero digo cosas. Es brutal pero esa es la principal diferencia.*

A entender a alguien que pasó gran parte de su vida estudiando la Historia y llegó a la conclusión de que en Uruguay es necesario experimentar en algunos aspectos porque "los desarrollos culturales más importantes de la humanidad se dieron en pequeñas comunidades", como la suya, y cita ejemplos: Grecia, las ciudades del Renacimiento y algunos rincones de Asia.

> *La política contemporánea está absolutamente divorciada de la filosofía. En Uruguay y en todo el mundo. Yo no puedo discutir estas cosas acá. Hay políticos que no me entienden un carajo. Leo papeles de políticos de los 40 y me encuentro con tipos mucho más modernos que ahora. Hay tipos que te dejaban pensando, pero no los encuentro hoy. Los grandes cambios surgen de los pequeños pueblos y para eso hay que experimentar. Si no experimentamos, no hacemos nada.*

A descifrar los motivos por los cuales alguien utiliza una experiencia confrontativa y una reclusión de la sociedad traumática como argumento político de conciliación y se vuelve creíble.

> *Siempre me hice cargo de todo lo que me tocó vivir. Hay que introducir el fenómeno de las casualidades en la Historia también. Estoy vivo de casualidad. Hay cosas que son imponderables, casualidades. Es mentira que la casualidad no existe. Existen las*

dos cosas: las causalidades y las casualidades. Si no hubiera estado en cana todos esos años no sería así. Sería medio culo roto. Antes no era así. Es lo que he intentado transmitirle a la gente joven. El tema de levantarse de la derrota. En la vida sos derrotado la inmensa mayoría de las veces. El asunto es volverse a levantar y seguir y seguir.

A tratar de desentrañar lo que pasa por la mente de alguien que llega a ser presidente de un país sintiéndose "un terremoto" y definiéndose como un "anarquista". Alguien que asocia la palabra *poder* con algo que corrompe y a la Constitución que lo impera como un simple accesorio construido por mayorías circunstanciales, pero que siente la *pasión* como su principal alimento y se desespera por los logros.

Me enferman los que se creen derrotados antes de pelear. No peleás por un triunfo pero te tenés que creer que vas a triunfar y vas avanzando y le das contenido a la vida. Igual, no podés triunfar, porque ¿cómo vas a triunfar ante el fenómeno tan complejo de la vida? Pero hay que darle contenido a la aventura de la vida. Vivir las cosas con pasión y más allá de las necesidades materiales. Vivir con ganas y comprometerse, lo cual no quiere decir que las emboqués todas. Pero les puedo asegurar que me divierto como loco.

Cerca del final de su mandato, nos habló con más pasión que nunca de "la honda sensualidad de vivir".

"Eso es lo importante", nos dijo con sus 78 años, en una de las tantas madrugadas compartidas. "Sí. La viví", repitió dos veces alargando apenas la *i*, con los ojos llenos de lágrimas.

Y es cierto que se divirtió. Los últimos cinco años especialmente. Entonces: ¿era o no era para él? Ojalá las conclusiones sean tantas como personas lean este libro.

2

El candidato

Febrero suele ser un mes lluvioso en Uruguay y el del año 2005 no fue la excepción. Por aquellos tiempos, Tabaré Vázquez se preparaba para asumir como primer presidente uruguayo del izquierdista Frente Amplio[2] y las principales figuras de ese partido político estaban algo alborotadas. Salvo una: José Mujica.

A fines de 2004, luego de una larga campaña electoral, Mujica tuvo un quebranto de salud que lo dejó fuera de los escenarios durante meses. Vázquez había anunciado que lo designaría ministro de Ganadería, Agricultura y Pesca, pero ese verano casi no pudo salir de su casa, después de haber empezado el año en un sanatorio. Entrevistas, reuniones, declaraciones, anuncios, titulares, todo se sucedía un día tras otro con los integrantes del gobierno electo como protagonistas. Lo de Mujica era solo silencio.

---

2. El Frente Amplio fue fundado el 5 de febrero de 1971, mediante una coalición de los partidos políticos históricos de la izquierda uruguaya, como el Partido Socialista, el Partido Comunista y el Partido Demócrata Cristiano.

El martes 10 de febrero nos paramos frente al portón de su chacra en Rincón del Cerro a las ocho de la mañana. La noche anterior habíamos recibido el visto bueno de su esposa para hablar con él unos minutos, aunque todo dependía de cómo se sintiera.

El sol ya estaba arriba y el agua de la lluvia nocturna sobre el pasto y los arbustos había comenzado a transformarse en vapor. El olor a campo mojado distendía, invitaba a un tono sereno y pausado. Los veinte minutos que separan el Centro de Montevideo de la chacra de Mujica suelen servir para acercarse a algo parecido al sosiego.

Nos atendió de mal humor. No lo veíamos desde noviembre del año anterior y lo cierto es que estaba muy desmejorado. Más flaco, con el pelo blanco, pálido. Caminaba lentamente, como ofuscado. Sus rezongos se mezclaban con los ladridos de los perros. "Tengo que descansar", repitió varias veces. "Miren que estoy jodido en serio", nos dijo con cara adusta. Pero a los pocos segundos nos estaba abriendo el portón.

Como senador electo de la lista más votada[3], unos días después iba a ser el encargado de tomar juramento a los nuevos legisladores y el 1 de marzo a Tabaré Vázquez, el futuro presidente. Además, ocuparía el tercer lugar en la línea sucesoria de Vázquez, así que cuando presidente y vicepresidente estuvieran de viaje o licencia, él quedaría

3. La lista más votada en las elecciones nacionales de 2004 en Uruguay fue la 609, con el lema Movimiento de Participación Popular (MPP), liderado por Mujica. Obtuvo 327.947 votos, cerca del 15% del total del electorado.

a cargo. "Más no le puedo pedir a la vida", nos dijo. "De estar preso en los aljibes como guerrillero, a ser suplente de presidente".

Podía pedir más y es probable que lo supiera. Pero se había tomado muy en serio la enfermedad que lo aquejaba. Tanto, que pensó que no iba a poder dar ningún otro paso político, y que ser el encargado de la ceremonia mediante la cual el Frente Amplio se haría cargo del gobierno por primera vez en la Historia sería el punto de mayor gloria de su carrera. Para eso se preparaba en su casa, leyendo una y otra vez los artículos de la Constitución de la República que tenía que pronunciar en ese momento. En realidad, el entrenamiento no era exactamente en su casa. Estaba viviendo en un galpón lindero porque sus vecinos más amigos habían resuelto hacer reformas, aprovechando las semanas que estuvo internado, y todavía no estaban terminadas. Lo que hicieron, a pesar de su protesta, fue el baño y la cocina a nuevo, porque se encontraban en una situación muy precaria. Lo pidieron los médicos, que lo habían amenazado con mandarlo a vivir a un apartamento del barrio Pocitos[4] si no aceptaba. "Ni en pedo me mudo", fue la respuesta de Mujica. Y acondicionó un viejo depósito para vivir unas semanas con su esposa mientras finalizaban las obras.

Esa mañana estaba nervioso y un tanto apagado. Se notaba la falta de fuerzas. Sirvió *whisky* sin hielo y apenas

4. Barrio densamente poblado de la ciudad de Montevideo, de clase media alta y media, ubicado sobre la costa del Río de la Plata.

bebió unos sorbos. A la media hora nos despidió y volvió a repetir que no podía pedirle nada más a la vida. "Con esto es más que suficiente", concluyó cuando ya estábamos a unos pasos de distancia.

La enfermedad que le detectaron a fines de 2004 y que lo tenía tan pesimista era una "vasculitis", concentrada especialmente en sus riñones. Así tomó los juramentos de Vázquez como presidente, de Rodolfo Nin Novoa como vicepresidente y de todos los senadores. Y juró como ministro. En setiembre de ese año nos dijo que "la verga de ser presidente" no era para él. La enfermedad todavía mostraba sus síntomas, aunque más leves. Se lo veía con ganas y ya dedicaba muchas más horas a sus tareas políticas. La pregunta que le hicimos sobre su eventual candidatura era pertinente en aquel momento.

A fines de 2007, más precisamente el 29 de diciembre, de la "vasculitis" ya no quedaba nada. "Estoy curado", nos dijo sentado en el único sillón que había en ese momento en el pequeño *living* de su casa. "Ahora sí que tengo cuerda para rato", susurró con una sonrisa. Ese fue el momento en que volvió la esperanza a su cuerpo. Remota, como antes de estar enfermo, pero esperanza al fin. Renacían las posibilidades de llegar hasta el final.

La idea de ser presidente rondaba como algo fantasioso en su pasado. Nunca se tomó muy en serio lo que le decían, pero algunas personas sospechaban que estaba destinado a trascender con la banda presidencial en su pecho. La primera, Lucy Cordano, su madre.

Lucy siempre aparece en las charlas más íntimas con Mujica. La pasión por la política y por los libros, el disfrute de los detalles simples de la vida, el amor por la tierra y por trabajarla, todo eso se lo debe a su madre. También el barrio donde hoy habita.

El padre de Mujica murió cuando él tenía siete años. Su madre fue la encargada de criar, a él y a su hermana menor, en una casa en Paso de la Arena[5] cercana a donde hoy tiene su chacra. Tanto cariño depositó en ese viejo caserón de la infancia que lo mantuvo hasta que, en 1994, el gobierno de Luis Alberto Lacalle cerró una radio perteneciente a los tupamaros, y Mujica se vio obligado a venderlo para pagar las deudas del movimiento con los empleados.

De sus primeros años recuerda con emoción los animales, el trabajo de adolescente con los chacreros de la zona, las escapadas para ver a las novias y también un horno de barro en el que se quemaba desde la ropa vieja hasta muebles rotos, ramas caídas y basura combustible. Todas las mañanas, de allí salía el pan casero y después la carne y las verduras y las *pizzas* que hasta el día de hoy trata de repetir. El secreto es la salsa de tomate y la receta original es de Lucy. "A veces me queda hasta parecida", asegura.

Después, cuando cayó preso, primero como un supuesto delincuente común y después como integrante

5. Barrio de clase media y media baja, ubicado en una zona semirrural de las afueras de Montevideo y habitado principalmente por granjeros y floricultores.

de la guerrilla tupamara, la madre fue siempre quien se ocupó de averiguar cómo y dónde estaba y, en lo posible, de acompañarlo aunque más no fuera durante las visitas que pudo hacerle en prisión. Fueron cuatro veces las que Mujica terminó en un calabozo. La primera, en julio de 1964, cumplió su sentencia de más de ocho meses por hurto. Nunca dijo cuál había sido el móvil.

> *La primera vez que fui en cana fue por robar un depósito de una fábrica en Montevideo. Yo era tupa y era guita para la organización, pero nunca lo dije. En la cana me mataron, me dieron un amasijo brutal. Los policías toda la vida torturaron a los presos. Caías como delincuente común y te mataban. Era mejor caer como preso político que como delincuente común.*

La segunda y la tercera, en 1970 y 1972, fue detenido como tupamaro y en los dos casos logró escaparse menos de un año después. En marzo de 1970 lo apresaron en un bar montevideano, en la esquina de Monte Caseros y Luis Alberto de Herrera, y como amenazó con resistirse, le dieron seis balazos. Estuvo muy cerca de morir. Se escapó unos meses después y volvió a caer. Y se escapó y volvió a caer.

Por esos años, la Cárcel de Punta Carretas de Montevideo llegó a tener recluidos a centenares de integrantes de la guerrilla. La mayor fuga ocurrió el 6 de setiembre de 1971, cuando se escaparon 106 tupamaros en un operativo al que se denominó El Abuso, utilizando un túnel excavado por ellos arriba de otro viejo túnel hecho por anarquistas a principios del siglo XX. Por aquellos tiempos, algunos carceleros repararon en Mujica y sus compañeros y percibieron algo de lo que se estaba gestando para dentro de cuatro décadas.

> *No me olvido más de un milico en Punta Carretas que de vez en cuando intercambiaba algunas palabras conmigo. Una vez, cuando estábamos varios de nosotros juntos, me miró a mí y a otros dos o tres y nos preguntó muy en serio: "¿Cuántos futuros ministros irán acá?". Brutal, el tipo. Me quedó picando esa frase.*

En agosto de 1972 volvió a ponerse la ropa de presidiario, pero esta vez no saldría hasta marzo de 1985. En esa oportunidad fue catalogado como uno de los jefes guerrilleros junto con ocho de sus compañeros y permaneció durante casi trece años rotando entre cuarteles de todo el interior de Uruguay. Los "nueve rehenes de la dictadura"[6] era el nombre con el que se hicieron conocer. La dirección tupamara cayó antes de que los militares dieran un golpe de Estado en 1973, pero desde el poder utilizaron a esos "nueve rehenes" para evitar cualquier

6. Además de Mujica, los demás rehenes de la dictadura fueron: Raúl Sendic, Eleuterio Fernández Huidobro, Julio Marenales, Mauricio Rosencof, Henry Engler, Adolfo Wasem, Jorge Manera y Jorge Zabalza.

nueva acción guerrillera del grupo, con la amenaza de que podían ser asesinados en represalia.

Los primeros años permanecieron casi incomunicados, en grupos de a tres, y muchas veces en lugares sin ventilación ni letrina, ni pileta, ni colchón, ni nada. Aljibes o cajas de hormigón. Mujica se volvió loco. Empezó a hablar con las hormigas y a tener delirios y terminó en el Hospital Militar.

> *Estuve piantado, piantado. A principios de los 80, me llevaron al Hospital Militar. Tenía una persecuta de la gran puta, no paraba de tener visiones y cosas así. Vino una psiquiatra a atenderme. Me dio un puñado de pastillas y nunca tomé ninguna. Pero la mujer recomendó que me dejaran leer y escribir. El hecho de leer me ayudó en pila y mi madre colaboró un montón. Solo la dejaban traer libros de ciencia. Primero biología, agronomía y veterinaria y después antropología. Me metí en ciencia y dale, dale, dale. Estaba todo el día en eso y no paraba y ahí se me abrió la cabeza. Eso fue en el cuartel de Paso de los Toros.*

En una de las tantas visitas para llevarle libros, Lucy vaticinó que la carrera política de su hijo recién empezaba. "Va a llegar a presidente", pensaba su madre en esos momentos. Nunca se lo dijo a él en forma directa, pero sí se lo sugirió en varias oportunidades y lo comentó con otros.

El periodista Walter Pernas menciona, en el libro *Comandante Facundo. El revolucionario Pepe Mujica*, una anécdota en la que Lucy le dice a un vecino: "Pepe va a llegar a ser presidente gracias a su piquito de oro". Mujica leyó el libro en julio de 2013, antes de que saliera a la venta, y una tarde de ese invierno, en su casa, con un vaso de ron cubano regalado por Fidel Castro en la mano, nos dijo emocionado:

—*No se puede creer. Yo estaba en cana y mi vieja andaba diciendo por ahí que iba a ser presidente. Este libro que me dieron para leer cuenta eso. Cuando lo leía no lo podía creer.*

—¿Te lo dijo a vos?

—*Nunca. Fue a un vecino. Pero hay cosas que no es necesario decirlas.*

—¿Algo te quedó entonces?

—*Y mirá dónde estoy. ¿A vos qué te parece? Era increíble, mi vieja. Cuando me iba a ver me decía: "Hijo: el socialismo no es posible porque el hombre es malo".*

A fines de marzo de 1985, Mujica salió de la cárcel y a los pocos días ya estaba militando activamente en política. Fue reconstruyendo el Movimiento de Liberación Nacional de a poco, como un militante más, bajo el liderazgo de Raúl Sendic[7], el Bebe, una de las personas

7. Raúl Sendic fue fundador y líder del Movimiento de Liberación Nacional-Tupamaros. Falleció en abril de 1989 en París.

que más admira Sendic murió en abril de 1989 luego de padecer, entre otras dolencias, el llamado mal de Charcot. Mujica adquirió entonces un rol mucho más protagónico. Su figura fue creciendo y creciendo entre los jóvenes que se sumaban a la organización y sus reflexiones empezaron a cautivar.

Ya desde sus primeros días en libertad, Mujica mostró la base del discurso que años más tarde lo llevaría a la Presidencia. Su primera arenga en aquel 1985 fue en el Platense Patín Club de Montevideo, ante un auditorio de jóvenes militantes enfervorizados. No habló de venganza ni del asalto al poder mediante las armas, luego de más de una década de ser obligado al silencio. Se refirió a la importancia del perdón y de superar el pasado, a la necesidad de tener apertura a distintas ideologías, al nuevo rol que debería desempeñar la izquierda. Pronunció frases que fueron un anticipo de todo lo que vendría después:

"No venimos a llorar nuestros dolores ni nuestras penas. Simplemente a dejar bien clarito que el puñado de viejos que va quedando tiene nítidamente claro que apenas es un palito que debe funcionar para que la colmena se aglomere alrededor: lo esencial no es el palito, sino la colmena".

"Aprendimos en la orfandad de los calabozos, en todos estos años, con qué poco se puede ser feliz; si con eso no lo lográs, no lo lográs con nada".

"No acompaño el camino del odio, ni aun hacia aquellos que tuvieron bajezas con nosotros. El odio no construye. Esto no es pose demagógica, no es cosa de andar eludiendo el bulto, de poner una cara linda: es cosa de principios".

"Ya la palabra 'socialismo' es bastante complicada. Simplemente alcanza con lo más chiquito: luchamos por la igualdad esencial entre los hombres. Las cosas que en política parecen verdaderamente gravitantes y no se pueden explicar con sencillez no son tan importantes".

"Yo puedo decir, y nadie me va a dar un tirón de orejas, que no creo en ninguna forma de justicia humana. Toda forma de justicia en mi filosofía casera es una transacción con la necesidad de venganza".

En las elecciones de 1994 fue electo diputado, transformándose en el primer tupamaro en ingresar al Parlamento como representante nacional. Y nació el mito. Empezaron las entrevistas y las cámaras y los micrófonos para captar la imagen y las opiniones de la *oveja negra*. Primero la exposición mediática fue esporádica y después cada vez más frecuente. La gente sonreía ante las salidas fuera de libreto, sentía simpatía, hacía correr rumores.

Llegó al Palacio Legislativo en su pequeña moto Yamaha, vestido con vaqueros y campera de jean, y la estacionó entre los autos de los legisladores. Dicen que un guardia de seguridad le preguntó si iba a dejar mucho rato la moto en ese lugar y él respondió: "Si me dejan, la voy a dejar cinco años". Nunca pronunció esa frase pero el rumor se instaló en las calles de Montevideo, construyendo la leyenda. La gente estaba deseosa de algo distinto.

Mujica lo vio y lo entendió. Aprovechó esa situación y cada día se mostró un poco más. Los medios siempre fueron a buscarlo porque sabían que nunca los iba a defraudar. A su vez incorporó recorridas y actos callejeros por todo Montevideo y salidas constantes al interior de Uruguay. Siempre le gustó el mano a mano o las reuniones reducidas. Ese era su fuerte. Tomaba un ómnibus y cada semana iba a un departamento distinto. No paraba ni un segundo. Conoció todos los rincones del país. Desde ciudades de más de 100.000 habitantes hasta pueblitos de no más de 300.

> *Siempre jugué muy en el largo. Cuando llegué al Parlamento me propuse la estrategia de llegar lo más lejos posible y la llevé a cabo. Me dio muy buenos resultados, aunque nunca pensé que iba a dar tantos y tan rápido. Pero siempre seguí en la misma senda. Pensaron que nunca llegaría pero yo veía algo abajo, en la gente. Había algo ahí y traté de interpretarlo.*
>
> *La izquierda me debe a mí la salida al interior del país. Nunca antes le había dado pelota al interior, y le cuesta darle. Yo me pasé años recorriéndolo. Hice un laburo de hormiga durante cinco años, no paré. Recorrí el país con el modelo de Luis Alberto de Herrera. Herrera estuvo enfrentado a todo el Directorio del Partido Nacional, allá por los 30. Y, cuando quisieron acordar,*

se había recorrido todo el país y se los comió por adentro. Yo hice lo mismo.

En la campaña electoral de 1999, Mujica era un líder político de proyección nacional. La hormiga trabajadora ya tenía toda una legión a su espalda. Tanto que ese año su sector político, el Movimiento de Participación Popular (MPP), fue el más votado y obtuvo la bancada de legisladores más grande, aunque el Frente Amplio perdió el gobierno con el Partido Colorado[8], liderado por Jorge Batlle.

Fue electo senador y se transformó en un referente y un receptor de consultas en cada uno de los temas públicos importantes. Sus discursos en el Senado eran seguidos con suma atención, y a su lado se sentó también, como senador, su compañero tupamaro de toda la vida, Eleuterio Fernández Huidobro. Se divertían protagonizando los grandes debates y sorprendiendo cada vez que podían. Pusieron de moda lo políticamente incorrecto y seguían sumando votos, pero Mujica extrañaba las salidas frecuentes al interior del país.

Cuando estaba terminando su período como senador, a principios de 2004, se tomó muy en serio la posibilidad de que el Frente Amplio llegara al gobier-

8. El Partido Colorado es una de las colectividades políticas fundacionales de Uruguay, con una historia de 180 años. Es el partido que más tiempo ejerció el gobierno y se ubica en el centro y centro-derecha del espectro político.

no y trabajó de forma intensa para llevar a Vázquez a la Presidencia. Volvió a recorrer cada rincón del país y a realizar alianzas con cuanto dirigente se ofreciera. "Hay que abrazarse a alguna culebra si es necesario", decía. Y ganó. Su partido, el gobierno, y el MPP la mayoría, una vez más.

> *La campaña que me mató fue la que gana Tabaré. Ahí me maté, me destrocé. Terminé enfermo en el hospital. Me bajaron tanto las defensas por cansancio que me agarré la enfermedad aquella. Ni en mi campaña peleé tanto como en esa. No me voy a olvidar más de aquello, pero el resultado fue una alegría enorme.*

Como ministro de Ganadería, Agricultura y Pesca no empezó con demasiadas fuerzas. Los primeros meses en el cargo estaba enfermo y desde el inicio declaró que lo más probable para él sería el fracaso. Chocó mil veces con una estructura del Estado que no entendía y que tampoco le dejaba demasiado espacio. Optó por poner a un hombre de su confianza como viceministro, el tupamaro Ernesto Agazzi, para que hiciera la mayor parte del trabajo especializado.

Tuvo algunos logros de los que hoy se siente orgulloso. La actividad agropecuaria le encanta y trató de dejar algún legado. Fue durante su gestión que se instaló la trazabilidad del ganado y que el Estado adquirió más tierras para repartir entre pequeños productores a través del Instituto de Colonización. Vender más carne uruguaya en el exterior fue una de sus obsesiones. Para eso, recurrió a un funcionario de la Cancillería que había trabajado en destinos tan distintos como Alemania e Irán. Su nombre: Luis Almagro. Fue tanta la sintonía que después, como presidente, lo puso a dirigir el Ministerio de Relaciones Exteriores.

Lo que también hizo Mujica como ministro fue seguir liderando la fuerza mayoritaria del gobernante Frente Amplio y adoptar algunas medidas que tuvieron un gran efecto en la opinión pública. En eso siempre fue un especialista. La de mayor impacto fue rebajar el corte de carne más consumido en Uruguay: el asado. Y llegó *el asado del Pepe*.

> *A mí me gusta el asado de tira. A ese corte no hay con qué darle. La carnecita pegada al hueso con un poco de grasa es brutal. Así impuse el "asado del Pepe" y me dijeron cualquier cosa, pero la gente quedó muy entusiasmada. El corte del asado que comemos nosotros no existe en otro lado; en Argentina y en el sur de Brasil, y en ningún lado más.*

A mediados de 2008, Mujica renunció al Ministerio de Ganadería e inició una exitosa campaña, que un año y medio después lo transformaría en presidente. Varias personas trabajaron en la transformación del político campechano y bolichero. Era necesario que Mujica incorporara la imagen de alguien que va a hacerse cargo de un país.

El jefe de la campaña electoral fue Francisco *Pancho* Vernazza, un sociólogo especializado en publicidad que tuvo que encarar una de las tareas más difíciles de su carrera: intentar mantener bajo control a lo incontrolable. Llegó hasta Mujica recomendado por su colega de la publicidad Claudio Invernizzi. "Fue de los trabajos más interesantes y desafiantes que hice en mi vida. En el momento en que me lo ofrecieron acepté porque sabía que la materia prima no podía ser mejor", recuerda Vernazza.

Mujica siempre hizo lo que le pareció mejor a su olfato y nunca escuchó a analistas, politólogos o asesores. O casi nunca, porque a Vernazza lo escuchó y bastante. No se puso corbata pero se mandó hacer un traje. No dejó de hablar de cualquier tema, pero las entrevistas fueron mucho más esporádicas. No abandonó su lenguaje llano y directo, pero disminuyó bastante el lunfardo. No ocultó nunca su condición de tupamaro y exguerrillero pero le dijo "adiós a la barra".

Vernazza, que no cobró "ni un peso y se portó como un señor muy profesional y talentoso", se transformó en su duende malo. Lo acompañaba a casi todos lados y le pedía más silencio o más prolijidad o un camino más socialdemócrata o lo que fuera. Incluso le exigió que anduviera con un peine en el bolsillo y lo pasara por su alborotado pelo varias veces al día. Basó la campaña electoral en nunca asociar a Mujica con la palabra 'presidente'. Siempre era *Mujica 2009* o *Pepe 2009*. El eslogan era "Vamos Pepe" y el jingle agregaba "Pepe con la gente". Nunca "presidente".

Así ganó las elecciones internas del Frente Amplio y después llegó a un acuerdo con su contrincante, Danilo Astori, para que fuera su compañero de fórmula. Eso le dio la seriedad y la solidez que faltaban. Mujica como el líder carismático y Astori como el gobernante certero con imagen de estadista. Sin embargo, no fue fácil que Astori diera el sí.

La semana siguiente a las internas del 28 de junio comenzaron las negociaciones para concretar la fórmula presidencial. "Felicitaciones: ganó la barbarie", le dijo en la primera conversación Fernando Lorenzo —que representaba a Astori y que después sería ministro de Economía de Mujica— a Eduardo Bonomi, que era el apoderado de Mujica y su futuro ministro del Interior. Así empezaron.

Unos días después, Tabaré Vázquez visitó a Astori en su casa del barrio residencial de Malvín. Llevaba varios días encerrado y en cama por una neumonía que lo aquejaba. Todavía dudaba entre aceptar o no la postulación a la Vicepresidencia porque unas semanas antes había dicho públicamente que un gobierno de Mujica sería un "caos". Por eso las exigencias que pretendía para ser el *dos* de la fórmula eran elevadas.

Vázquez acercó un sillón a la cama y comenzó a hablarle con su tono pausado sobre el futuro político de la izquierda. Lo convenció con la idea del proyecto a largo plazo. "Tenés que estar vos al costado de Pepe para ganar", le dijo. Le habló de la instancia del 2014 y de la importancia de que Mujica le pasara la banda presidencial a uno de ellos dos. Astori resolvió entonces aceptar, pero demoró unos días en comunicarlo oficialmente. Tanto, que Mujica empezó a buscar alternativas.

Más de una semana después de las elecciones internas, precisamente a las 9 de la lluviosa mañana del lunes 6 de julio, en la residencia de Astori tocó timbre una persona desconocida para los dueños de casa. El visitante, que se presentó como Evaristo Coedo, un enviado de Mujica, traía una carta escrita a mano y firmada por el entonces candidato presidencial del Frente Amplio, donde le comunicaba a Astori que había resuelto no aceptar las condiciones que le había exigido para ir como segundo.

Las exigencias que Mujica no aceptó fueron que todo el equipo económico (no solo el ministro de Economía) respondiera a Astori y que este fuera consultado para la designación del canciller y de otros ministros clave, en caso de que el Frente Amplio accediera a un segundo gobierno.

Ese mismo día, Astori y Mujica se vieron frente a frente en la sede del Frente Amplio. El encuentro duró quince minutos. Astori aceptó integrar la fórmula y luego hicieron una corta y deslucida conferencia de prensa en la que apenas se miraron. Todo fue formal y no hubo abrazos para las fotos. Pero Astori aceptó. Sin condiciones. Un dato nada menor para lo que vendría.

Mujica cometió un solo error importante en el tramo final de la campaña electoral, pero su imagen estaba lo suficientemente fuerte como para resistirlo. Durante dos meses mantuvo charlas todos los lunes de mañana con el periodista Alfredo García, que en setiembre de ese año fueron publicadas en el libro *Pepe Coloquios*, en las que criticaba a Vázquez, a los socialistas, a los argentinos, y hablaba con una sinceridad por momentos hiriente de casi todos los temas. Nunca le dijo ni a Vernazza ni a su comando de campaña que iba a salir ese libro. El resultado fue un escándalo público a cinco semanas de los comicios.

Tabaré Vázquez, que se encontraba en Estados Unidos, al ser consultado por el Canal 12 de Uruguay calificó algunos de los dichos de Mujica de "estupideces". Vernazza llamó al incidente "error garrafal" y le pidió al candidato que se retractara. Mujica pidió perdón, justificó que eran reflexiones hechas en la intimidad y acusó al periodista de haber abusado de su buena fe. Y a los pocos días empezó a escampar y lo que iba a cambiar el rumbo de las elecciones se transformó en una anécdota.

La fórmula Mujica-Astori ganó en la segunda vuelta electoral con el 52,4% de los votos. Compitió contra

Luis Alberto Lacalle y Jorge Larrañaga, que representaban al Partido Nacional[9]. A Mujica lo votaron 90.000 personas más en la segunda vuelta que en la primera, lo que equivale a cuatro puntos porcentuales en un país con dos millones y medio de votantes habilitados. Mucha gente.

Mujica cree que esos nuevos votantes los podía captar él y no Astori. También solo él podía recibir la ayuda de presidentes como la argentina Cristina Fernández de Kirchner y el venezolano Hugo Chávez, que estaban distanciados de Vázquez y Astori.

Lacalle fue presidente de Uruguay entre 1990 y 1995 y algunos de sus correligionarios no lo quieren. Los integrantes del Partido Nacional son muy pasionales y Lacalle tiene enemigos entre ellos. Lo resisten por heridas del pasado que nunca llegaron a cicatrizar. Denuncias de corrupción contra su gobierno, algunas falsas, otras verdaderas, pero con las que Lacalle nunca pudo ser involucrado en forma directa. No le creyeron. Y Mujica apostó a esos *antilacallistas*. También a los veteranos del Partido Colorado que se negaban a votar por un blanco. Hizo un discurso para que esos votantes de los partidos tradicionales se sintieran cómodos con él. Y lo logró.

---

9. El Partido Nacional es, junto con el Colorado, la otra colectividad política fundacional de Uruguay. Surge en 1836 y está asociado al interior del país y al medio rural. Se lo identifica con la centro-derecha y el centro.

Cada vez estoy más convencido de que si no iba yo, perdíamos. Gente que me encuentro por ahí me demuestra eso. Blancos y colorados. Uno me dijo el otro día que en la primera vuelta votó a Bordaberry pero en la segunda me votó a mí. Son colorados que se niegan a votar a los blancos. Eso en la gente vieja existe. Mi madre era blanca. Cuando se fundó el Frente Amplio me dijo: "¿Van a llevar a un milico de candidato? ¡Están locos!". No los podía ver. "Milico" era sinónimo de colorado.

Estoy seguro de que si yo no era el candidato, ganaba el Cuqui (Lacalle), ganaban los blancos. Acá las elecciones las definía un sector que a un tipo como Astori no lo votaba. Después que gané la interna, venía con la fusta abajo del brazo. Me cagaba de risa. Yo sabía que el Cuqui no ganaba. También tenía síntomas dentro del Partido Nacional. Un montón de blancos de primera línea que no lo pueden ver a Lacalle me votaron a mí.

El Cuqui es un aristócrata y me subestimó. "A este viejo chanta le tengo que ganar", pensó. Él perdió en el llano de la sociedad y nunca se dio cuenta. Me lo dijo después. Me dijo que pensó que iba a ser más fácil por mi pasado. Pero yo no soy presidente porque fui tupa. No entienden la cabeza y la generosidad de la gente que te acompaña, muchas veces a pesar de tu pasado. A veces, también te respetan porque te jugaste por tus ideas, aunque no estén de acuerdo contigo.

La región recibió con alegría y esperanza la candidatura presidencial de Mujica y realizó su aporte. Los dos principales líderes de América del Sur en ese momento eran Chávez y Lula y ambos trabajaron para que el exguerrillero quedara al frente de Uruguay.

Chávez empezó con su tarea en 2008. Durante una visita oficial a Sudáfrica en setiembre de ese año, el presidente de Venezuela dejó muy claras sus intenciones. Antes de la cena que mantuvo con el presidente sudafricano, Thabo Mbeki, Chávez mandó a buscar al embajador uruguayo en ese país, Guillermo Pomi —un amigo cercano de Mujica—, para que participara en los actos protocolares. No había sido invitado, pero Chávez quería que estuviera.

"Tenemos que hablar con Lula, con Cristina (Fernández), con Evo (Morales) y con Rafael (Correa), para ayudar a Pepe a que sea presidente de Uruguay", dijo Chávez esa noche ante Pomi y varios integrantes del gobierno sudafricano. Ya le había comunicado a Mujica unos días antes, en Caracas, que iba a colaborar en todo lo que estuviera a su alcance.

Y así lo hizo durante toda la campaña. Incluso quiso viajar a Montevideo unos días antes de las elecciones, para dar su apoyo explícito y realizar algún anuncio de beneficios a Uruguay si el Frente Amplio ganaba, pero Mujica le pidió que no lo hiciera. No quería que lo asociaran con una figura que no recibía el respaldo del centro del espectro político uruguayo. Las elecciones se ganan con el centro y Mujica ya lo tenía bastante cautivado.

Lula lo recibió en Brasilia unas semanas antes de los comicios. Mujica resolvió viajar con Astori y ambos se mostraron como un gobierno en funcionamiento. Es más: para terminar de legitimarlos, Lula les hizo ofrecimientos concretos y les sugirió un acercamiento con Argentina. En ese momento los presidentes de Uruguay y Argentina, Tabaré Vázquez y Cristina Fernández de Kirchner, estaban enfrentados por la instalación de una planta de celulosa en el departamento de Río Negro, del lado uruguayo. Ni se hablaban.

Así que Cristina Fernández también resolvió jugar su partido y apostó fuerte por Mujica. Le ofreció lo que pidiera para las elecciones y facilitó el viaje de miles de uruguayos que viven en Argentina para que pudieran votarlo. La medida también influyó en el resultado final electoral y en el gobierno que luego comenzaría.

> *Los brasileros estaban esperando que yo ganara para que arregláramos todo con los argentinos. Me lo dijo Lula: "Si vos sos presidente, muchos de los problemas de vecinos se solucionan". ¡Mirá todo lo que estaba en juego si ganaba este chanta!*
>
> *Los argentinos nos dijeron: "Vos pedinos lo que precises, lo que precises te lo damos". Fue (Julio) Baraibar en representación mía después de la primera vuelta y les pidió algunas cosas. Todo lo que pidió se lo dieron. Pu-*

sieron unos vagones de Mar del Plata para Buenos Aires para transportar a los uruguayos y después, para traerlos para acá a votar, pusieron como 50 ómnibus. Trajeron gente de distintas partes de Argentina, hicieron una pegatina grande en Buenos Aires para convocar y les dieron días de licencia a los que vinieron a votar. No nos dieron más porque no pedimos más. Era obvio que querían arreglar los problemas que tenían con nosotros.

Dos semanas antes de la segunda vuelta electoral, a mediados de noviembre de 2009, nos reunimos con Mujica en un bar del Centro de Montevideo. A esa altura él estaba convencido de que iba a ganar pero no quería cometer ningún error que transformara en duda la certeza.

El bar, que ya no existe, tenía una pieza apartada en el primer piso. La cita era a las siete de la tarde. Mujica llegó unos minutos antes y estaba inquieto. Se lo veía nervioso. Vernazza, su duende malo, no quería que nos viera, porque temía un exceso de sinceridad a horas de un triunfo casi asegurado. Él vino igual y se sentó a conversar con nosotros. Eso sí, no quiso dar una entrevista. Solamente quería hablar en confianza. No podía creer que estuviera a punto de transformarse en presidente.

Su intención era quedarse unos minutos, pero entre copa y copa se fueron más de tres horas. Nos habló de lo "muy fuerte" que tenía por delante y sugirió cuáles serían algunas de sus prioridades. Nos dijo cómo se sentía para encarar el desafío. Convocar a los opositores, olvidar el pasado y la ortodoxia, tener la “marcha atrás” pronta: todo eso estuvo encima de la mesa.

Su prioridad número uno en ese momento, a corto plazo, era arreglar el conflicto con Argentina. “Las condiciones están dadas. Tengo mil señales del otro lado en ese sentido. Hasta me llamaron por teléfono por si quería hacer un arreglo previo. Les contesté que me dejen ganar primero”, nos confesó.

Las obsesiones que tenía por ese entonces a mediano plazo eran una nueva universidad pública en el interior focalizada en oficios, viviendas para los pobres y mejorar la infraestructura del país a través de vías de trenes, puertos y carreteras. El interior uruguayo era lo que más le preocupaba por aquellos días. Formar a los jóvenes de fuera de la capital y darles más trabajo en los lugares en los que viven a través de la enseñanza media técnica. “En eso no transo”, decía. Se preparaba para un conflicto con la Universidad de la República porque esta iba a reclamar “autonomía” educativa. Pero ya tenía la respuesta: “Si quieren autonomía que vayan a Cuba, para ver cómo funciona la cosa ahí”.

Además de ansioso por hacer, estaba asombrado. Él como presidente y su mujer tomándole el juramento como la primera senadora de la lista más votada era algo que lo sacudía. “Es digno de García Márquez”, repetía una y otra vez moviendo su cabeza. Y recordaba y repasaba las últimas semanas.

> *Desaté todos los demonios que puede haber en estos meses. Salté todos los obstáculos y decidí ser candidato, por más que muchos preveían una tragedia. "Esto es demasiado", decían, pero el Uruguay estaba preparado para tener un presidente como yo. Es brutal.*

Allí, al final de su camino electoral y a punto de ganar el premio mayor, también reivindicó su sinceridad y autenticidad y adelantó que su gobierno tendría muchas idas y venidas, de ser necesario. Negociar sería la premisa de todas las horas, por más que eso significara ir más lento.

> *A mí me tendrían que hacer un monumento porque soy el único tipo en la política uruguaya que dice lo que piensa. Pero a veces es muy incómodo decir lo que se piensa. El asunto también es que tengo marcha atrás porque no soy fanático. Soy apasionado pero no fanático, y así voy a gobernar. Con mucho diálogo y tratando de involucrar a todos los que pueda.*

Los futuros ministros estuvieron en la conversación. Mujica no quiso dar demasiados nombres, pero sí perfiles. Aseguró que buscaría "tipos capaces" de todos los sectores políticos y que se asesoraría con empresarios de "guita", algunos de los cuales definió como sus "amigos".

"No me van a ver en el pasado", insistió. Ese fue su *leitmotiv* durante la noche. Anunció un gobierno sin rencores ni venganzas ni dogmatismos ideológicos. "Cambié y mucho", dijo cerca del final de la conversación y de la segunda botella de vino.

Lo peor es cuando la matriz ideológica no te permite percibir la realidad como es. Hace tiempo que abandoné eso y me di cuenta de la importancia de los matices.

La vida es porvenir, no es pasado, lo cual no quiere decir que el pasado no exista. El pasado existe, pero lo determinante es el futuro. Eso es lo que te da capacidad de olvidar. Olvidar no, porque no olvidás un carajo. ¡Cómo mierda voy a olvidar por todo lo que pasé! El asunto es superar.

¿Era cierto todo aquello que decía? Estaba a unos días de probarlo y su obsesión era poder hacerlo.

3

El presidente

No podía empezar de otra manera. Había ganado lo distinto y lo distinto también se ve en los detalles. Que la ceremonia de asunción de José Mujica como presidente, el 1 de marzo de 2010, no tendría un gran despliegue era obvio, nadie fue sorprendido. Pero que la banda presidencial que esa tarde Tabaré Vázquez le cruzó sobre el pecho le quedara grande de talle sí fue algo inesperado.

Unos días antes, la confección de la banda presidencial había sido causa de una discusión indirecta entre Vázquez y Mujica con un intermediario que ni siquiera es político. Su nombre es Alberto Fernández y es dueño de Fripur, la empresa pesquera más importante de Uruguay. Fernández siempre tuvo buena relación con Vázquez y Mujica y más aún en las campañas electorales. Fue uno de los tantos empresarios que aportaron dinero y hasta prestó su avioneta y su auto particular para que los candidatos viajasen al interior y al exterior del país.

Con Mujica quiso tener un gesto más, al arranque de su mandato, que terminó en dolor de cabeza. "Te quiero regalar la banda presidencial", le dijo unas semanas antes de que asumiera. La respuesta de Mujica lo sorprendió.

—¡Qué banda ni qué banda! Que Tabaré me dé la de él.

—Pero la banda es personal. Cada presidente la guarda.

—Yo no quiero guardar nada. Que me dé Tabaré la de él y solucionamos el problema. Yo se la devuelvo.

—Se lo transmito a Tabaré entonces.

Así lo hizo apenas pudo, pero estaba muy claro desde antes de la conversación que el problema no se iba a solucionar de esa forma.

—Tabaré, te voy a comentar cómo viene la mano. Mujica dice que no quiere ninguna banda presidencial y que quiere que le des la tuya.

—¡Pero está loco!

—Es lo que quiere.

—Si es así yo no llevo la banda a la asunción y chau. ¡Que se ponga una banda de papel!

Fernández, desconcertado, no vio otra alternativa que insistirle a Mujica hasta el cansancio. Después de varias idas y venidas, el futuro presidente aceptó, pero con la condición de que no lo obligaran a probársela antes. "Hacé lo que quieras, pero yo no me pruebo nada", le advirtió.

De algún lado tenían que salir las medidas y cada vez quedaba menos tiempo. En la desesperación, Fernández tomó un almohadón de buen tamaño, se lo puso en la barriga y de esa forma llegó a los números con los que solicitó la banda presidencial a la Congregación Oblatas del Santísimo Redentor, encargada históricamente de realizar esa tarea.

En el medio del proceso, monjas de esa congregación fueron hasta la chacra y llegaron a tomarle alguna medida a Mujica, pero secundaria. Lo más importante ya estaba realizado. Y la banda quedó muy grande: a Vázquez le sobrepasaba las rodillas y a Mujica le llegaba a la mitad del muslo.

El periplo de Fernández no terminó con las medidas. Mujica tampoco quiso retirar la banda cuando estuvo pronta ni envió a nadie de su confianza a que lo hiciera. Todos sus antecesores habían encargado esa tarea a sus esposas pero Mujica resolvió ser, una vez más, la excepción. El encargado de retirarla fue Fernández y debió salir por la puerta trasera del convento para evitar a la prensa. Se la llevó a su casa en una caja de madera que había preparado, cubierta con una bolsa negra.

El empresario se quería quitar de encima, y cuanto antes, el valioso objeto y apenas llegó a su residencia en el lujoso barrio montevideano de Carrasco, llamó por teléfono a Mujica a su chacra de Rincón del Cerro. Lo atendió Lucía.

—Tengo la banda y se la llevo hoy mismo. Está en una caja. No me animé ni a abrirla.

—Bárbaro, pero dice Pepe que no la traiga, que se la arrime el 1.º de marzo porque acá se va a estropear.

Fernández contestó con un silencio, se despidió y cortó. Estuvo dos noches sin dormir por temor a que se la robaran de su casa. Hasta contrató guardia privada. Al tercer día no aguantó más y la llevó a la chacra. A esa altura, Mujica ya había dicho a la prensa que la cinta presidencial se la había regalado Fernández. Lo había puesto en el ojo de la tormenta.

Así empezó Mujica como presidente: sin muchas ganas de ceremonia y protocolo. Lo primero que hizo, en el momento en que Vázquez finalmente lo coronó con la banda de la discordia, fue decirle: "Capaz que en cinco años te la devuelvo". Pero pidió que le hicieran otra igual a su vicepresidente Astori, cosa que nunca se concretó porque Astori se negó tajantemente. Mujica, desde su asunción, siempre se sintió con una pierna afuera.

"No sé si duro más de tres años", decía por aquel entonces. Hablaba de su salud deteriorada y de sus más de 70 años. Desde el primer día no sintió aquello como algo duradero. Los planes se amontonaban antes del 1 de marzo y la ansiedad apenas lo dejaba dormir. Prefería pensarlo a término y con un final no muy lejano. Al menos al principio.

"¡En qué lío nos metimos, vieja!", fue lo que dijo a su esposa Lucía la mañana del 30 de noviembre de 2009, mientras compartían el mate. La noche anterior había ganado las elecciones. Hablaron de las "vueltas de la vida", de "ni en los mejores sueños" y de cosas por el estilo. Ella le recordó que sería la encargada de tomarle el juramento como presidente por tratarse de la primera senadora de la lista más votada. Se rieron unos segundos. De alegría y de nervios. La *oveja negra* al poder.

Mujica instaló la sede del gobierno electo en una vieja casona perteneciente al Frente Amplio. No hubo ni hotel ni ningún cambio de espacio significativo, a diferencia de lo que había ocurrido en las transiciones anteriores. Mujica optó por seguir trabajando en la misma oficina que tenía. Quería mostrar austeridad en los detalles. En la transición, en la ceremonia de asunción y hasta en el sueldo. Ya desde el primer día anunció que donaría el 70% de lo que recibiera como pago para construir casas para los pobres y así lo hizo hasta el final de su mandato, entregando cerca de medio millón de dólares en total.

> *Resolví preparar la transición del gobierno en la sede del Frente Amplio y evitar los lugares lujosos y la ostentación. No me metí en política por la plata, no me interesa. No estoy contra el tipo que está para la guita pero hay que separar los tantos. Me caliento especialmente con la izquierda cuando me venden un verso.*

Instalarse en el local del Frente Amplio era, además, simbolizar el respeto al partido e involucrarlo en el gobierno. Acá hay un problema de cuotificación relativa en la elección de jerarcas. Hay que poner a los más capaces en el gobierno, pero ¿quién los elige? La gente vota a la persona como presidente pero también al partido político. Por eso, el partido debe proponer candidatos y el presidente sopesar y optar. No puedo poner a paracaidistas o a los que se me ocurran a mí. Los que te acompañaron en la elección tienen que poner las patas en la batea también.

Así, antes de asumir oficialmente el 1 de marzo de 2010, Mujica empezó a preparar su gobierno sobre la base del diálogo, en especial con su partido político, pero también con la oposición. Eso sí, lo hizo a su manera. Prefirió no tener tan en cuenta los mecanismos institucionales y se centró en sus afinidades y gustos.

Además de las reuniones formales con los principales líderes partidarios y sectoriales, mantuvo un diálogo fluido con quienes eran sus verdaderos interlocutores. Designó personas de su confianza para que ocuparan casi todos los lugares de poder, aunque en muchos casos no serían los futuros ministros. Cada sector tendría su ministro, pero Mujica se encargó de preparar a alguien para controlarlo. La táctica del duende malo.

Con respecto a la oposición, optó por hablar más con su amigo del Partido Nacional Jorge *Guapo* Larrañaga que con Lacalle, que había sido su contrincante. Mujica nunca tuvo mucha afinidad con Lacalle y viceversa. "No puedo creer que ese mugriento esté en mi sillón. ¡A lo que hemos llegado!", se quejó Lacalle la primera vez que lo vio en la Cámara de Senadores, sentado en el mismo lugar que él había ocupado diez años antes. A mucho más se llegaría. El futuro sillón que heredaría sería el de presidente, pero Lacalle nunca disminuyó ni disimuló su rechazo.

> *No puedo hablar todo con el Cuqui Lacalle porque no tengo conexión ninguna con él. Por eso ya hablé con el Guapo para preparar el terreno y usarlo de interlocutor. Hay blancos y blancos y yo prefiero hablar con los que me siento más cómodo.*
>
> *Habrá muchas instancias institucionales en las que el presidente se reúna con los líderes políticos, pero yo voy a cocinar todo por abajo. Siempre voy a hablar con los que me sienta más cómodo. Así lo hice a lo largo de toda la vida y no voy a cambiar ahora.*
>
> *Después voy a tener que negociar con los del Partido Colorado, que seguro que arreglan. No son difíciles de arreglar, pero algunos son un poco impresentables. Te hacen transacciones comerciales. Tienen siglos de gobierno metidos en la sangre. Pero bueno, es lo que hay.*

Pasaron las semanas y llegó el 1 de marzo. "Hoy estoy en el cielo pero mañana empieza el purgatorio", ironizó

Mujica luego de jurar como presidente ante la Asamblea General, las principales figuras políticas uruguayas y delegaciones de todas partes del mundo. El nuevo jefe de Estado aprovechó la oportunidad y dejó claro que lo que estaba por comenzar no iba a ser solo un lustro más.

Luego de la ceremonia dirigida por su esposa, Mujica leyó un discurso de poco más de media hora y generó aplausos de todos lados. Dijo lo que muchos querían escuchar, fueran de la orientación política que fueran. Educación, educación y educación como lo más importante. Pensar el país a veinte años y acordar entre todos los partidos políticas de Estado. La libertad como forma de gobernar y vivir. Reformar el Estado para quitar los privilegios excesivos a los funcionarios públicos. Un buen arranque, aunque con expectativas demasiado altas.

Ante las figuras internacionales se mostró desinhibido y rehuyó todo lo que pudo las formalidades. Sin corbata y con una camisa con cuello redondo, se paseó entre reyes, presidentes y ministros haciendo chistes y esquivando las palabras protocolares. "La primera impresión es muy importante", suele decir. Y ese día lo puso a prueba.

Con Hillary Clinton, que en ese momento era secretaria de Estado del gobierno norteamericano de Barack Obama, se reunió durante más de media hora, le hizo algunos chistes sobre su condición de exguerrillero y hasta le palmeó la rodilla, generando cierto nerviosismo en la fiel representante de la cultura anglosajona. Gracias a esa impresión, Clinton resolvió en Washington nombrar como embajadora en Uruguay a Julissa Reynoso, una latina nacida en el Bronx de Nueva York que mantuvo una relación muy fluida con Mujica.

A Felipe de Borbón, hijo del entonces rey Juan Carlos de España, lo saludó con un apretón de manos muy efusivo, se acercó a su oído y le dijo: "Saludos a tus viejos". La respuesta fue una sonrisa incómoda del futuro monarca.

Con Cristina Fernández ya había tenido muchos contactos como presidente electo. Las relaciones entre ambos estaban en su mejor momento. Ese día se mostró cerca de ella y hasta le dio un abrazo afectuoso cuando llegó el turno de saludarla. No fue más efusivo para no herir a su antecesor Vázquez, pero le dio a entender que empezaba un coqueteo que podía terminar en romance.

Chávez le había pedido una reunión mano a mano. La relación fluida entre ambos había empezado mucho antes. Como ministro de Ganadería, Mujica visitó varias veces Caracas y Chávez Montevideo. Les gustaba conversar de todo. Se consideraban amigos. La noche del 1 de marzo, cuando terminó la instancia protocolar, el recién asumido presidente se dirigió al hotel donde estaba Chávez. No se quedó más de media hora porque estaba agotado, pero algo le dijo.

Le advertí desde el principio, cuando él asumió en Venezuela, que no iba a construir el socialismo. Y no construyó un carajo eso. Pero no tengo duda de que millones de tipos pobres viven mejor. Algo siempre se puede hacer y eso es lo que va a quedar para la Historia. En el caso de mi gobierno algo similar puede quedar, pero mi camino es muy distinto al de Chávez. Se lo advertí desde el día que asumí. "Yo voy a ir para otro lado", le dije. Si me viene una coyuntura buena, voy a salir airoso, y si no, me van a querer matar. Lo seguro es que no voy a afanar ningún vintén y voy a laburar para los pobres.

Al otro día de su asunción, Mujica se instaló en el despacho presidencial del piso 11 de la Torre Ejecutiva, ubicada en la plaza Independencia, el lugar más céntrico de Montevideo. Le resultó grande, enorme. Casi el doble del tamaño de su casa. No sabía por dónde empezar a familiarizarse con todo aquello. A lo largo de cinco años lo fue llenando de regalos y más regalos. Jarrones, fotos, maquetas de trenes y de casas, esculturas, abanicos, una guitarra eléctrica... de todo. Pero al principio parecía un desierto, un paisaje desolado.

Desde el ventanal, observó por unos minutos la rambla sur de Montevideo. Había pasado la euforia y ahora sí empezaba lo que tanto había deseado. En su cabeza las ideas estaban un poco entreveradas y necesitaba ordenarlas. El orden nunca fue su fuerte pero ahora era necesario. Tomó lápiz y papel y realizó algunas anotaciones.

Frente a su silla tenía una computadora pero no le dio ninguna importancia. La registró como parte de la decoración y recordó que todavía faltaba algo. Buscó un portarretrato con una foto de su esposa entre flores y lo puso a su lado. Hizo lo mismo con otro del Bebe Sendic. Hacía más de diez años que repetía la misma ceremonia en cada uno de sus nuevos lugares de trabajo.

Nunca tuvo demasiadas cosas sobre su escritorio. Ni ese, el primer día, ni el último. Los objetos que le fueron regalando ocupaban las alas laterales, como un ejército pronto para invadir el descampado. Frente a él siempre hubo lapiceras, papeles que variaban según cuál era el tema del momento, diarios y las fotos. Jamás llegó a ingresar ni siquiera al umbral del mundo tecnológico.

> *No me acostumbro a la tecnología. Soy antiguo y ahora no voy a cambiar. Solo un par de veces prendí la computadora que tengo en el escritorio. Pero ni la miro. No la necesito. Hay cosas que no me propongo más. Tengo 78 años. ¡Paráááá! ¡Aflojá un poco! A veces agarro la computadora de Lucía y soy un desastre. Si me agarra un chiquilín se hace una fiesta conmigo. Tenés que practicar y todo eso y yo ya estoy viejo. Trato de leer los diarios ahí pero hago lo que puedo. Me doy cuenta de que el mundo va para ahí, pero mi mundo es otro. Si me sacás de leer y escribir a mano, no puedo. A esta altura no me puedo reciclar. Ahora, para las boludeces que dicen, se pueden meter todas*

las computadoras en el orto. Estoy podrido de leer boludeces. No se les cae una idea. Una serie de lugares comunes que da fiebre.

Prefiero leer mucho y pensar. Trato de interpretar lo máximo posible lo que leo. Y a veces, cuando tengo tiempo, escribo para arreglarme la cabeza. Te ordena un poco las ideas.

Leer y pensar lo salvaron de la locura y lo colocaron en la mayor gloria a la que puede aspirar cualquier político. Ahora había que dar otro paso: hacer. Para eso se preparaba y escribía. El socialismo en su forma más simple había sido siempre su definición ideológica. ¿Qué podía hacer al respecto? Sabía que muy poco pero necesitaba dar alguna señal en ese sentido. Se le ocurrió fomentar desde el gobierno la autogestión para algunos emprendimientos que pudieran funcionar como ejemplo. La palabra 'autogestión' estaba sin lugar a dudas anotada en el primer papel que tuvo encima de su escritorio.

El camino ensayable hacia construcciones socializantes hoy en un país pequeño y del tercer mundo lo veo por el lado de la palanca autogestionaria. La idea es generar empresas modelo autogestionadas por los trabajadores. Estoy contra la explotación del hombre por el hombre pero: ¡poné la tuya también! El gran motor que tiene el capitalismo es la parte creativa. Y si no, te dedicás a dormir la siesta. Te achanchás y ahí terminás en la nada, como les pasó a casi todos los países socialistas.

No quería saber nada de aquellas experiencias fracasadas del pasado ni de protagonizar un intento similar en el presente. Por eso, lo que también anotó en el papel fue eliminar las trancas ideológicas que no dejan fluir el pensamiento. Mujica no las tiene particularmente, pero era necesario suprimir cualquier vestigio que quedara por ahí perdido. La autogestión, en algunos casos específicos, como camino posible para buscar una alternativa a la explotación del hombre por el hombre sí, pero después "a cagar con los dogmas". Ya se lo había dicho a Chávez y lo había repetido durante toda la campaña electoral. Nada de locuras.

Su principal fuente de consulta sería el sentido común. No pretendía ni grandes transformaciones ni cambiar ningún orden establecido. La revolución había pasado de las armas a las urnas y después a su pensamiento.

Una de las principales fuentes de conocimiento es el sentido común. El problema es cuando ponés la ideología por encima de la realidad. La realidad te da en el hocico y te revuelca por el piso. Si la ideología entra a sustituir a la realidad, ahí estás viviendo lo ficticio y eso te va a llevar a la ruina y a conclusiones fantasiosas, que no son. Yo tengo que luchar por mejorar la vida de las personas en la realidad concreta de hoy y no hacerlo es una inmoralidad. Esa es la realidad. Estoy luchando por ideales, macanudo. Pero no puedo sacrificar el bienestar de la gente por ideales. La vida es una y es muy corta.

Dos asuntos más formaban parte de sus prioridades por aquellos días y se transformaron en temas recurrentes durante todo su gobierno: la tierra y la educación. El primero se lo debía al Bebe Sendic y era algo que lo obsesionaba ya desde la época de la guerrilla. El valor de la tierra, quiénes son sus propietarios, cómo se trabaja, qué hacer para poblarla. En la noche del 1 de marzo, durante una cena ofrecida a todas las delegaciones extranjeras, Mujica anunció que intentaría traer a campesinos de países sudamericanos pobres para el campo uruguayo. Montevideo tiene la mitad de la población del país y, de la otra mitad, solo uno de cada cinco vive en el medio rural.

Ya en el gobierno, realizó algunos intentos para lograr un repoblamiento de la campaña. Casi nada funcionó. Lo que sí concretó fue un impuesto para los grandes terratenientes, poseedores de más de 2000 hectáreas. Lo hizo a pesar de la oposición de Astori y de una parte importante del sistema político uruguayo y sin reparar mucho en los detalles, y después debió afrontar las consecuencias. Una declaración de inconstitucionalidad de la Suprema Corte de Justicia lo obligó a volver a empezar en la mitad de su mandato. Pero en eso no cedió. Insistió aumentando otros impuestos a los grandes propietarios de tierra, que hasta el día de hoy se cobran.

> *No tengo problema con que discrepen conmigo. El que discrepa no se tiene que ir a la mierda del gobierno. Simplemente alguien tiene que decidir y yo decido al final. Pero a mí me encanta discutir. En algunas cosas con Danilo puedo discutir años y no nos vamos a poner de acuerdo. El impuesto a la tierra que resolví poner es un impuesto de origen batllista y el tema de la tierra es muy importante para los tupas. José Batlle y Ordóñez*[10] *sostenía a principios del siglo* XX *que una parte de la tierra era de la sociedad y que había que pagar por ella. Los propietarios de la tierra le tienen que devolver algo a la sociedad. Además, lo recaudado por ese impuesto es para arreglar la caminería rural, en acuerdo con todos los intendentes.*

Mujica es propietario de la chacra en la que vive con Lucía. La compró al salir de la cárcel y desde ese momento ha realizado mejoras y sumado terrenos aledaños. Eso le dio una pauta de hasta qué punto se incrementa el precio de la tierra y lo terminó de convencer de que un impuesto a los terratenientes no es materia de negociación.

---

10. Presidente de Uruguay en dos períodos (1903-1907 y 1911-1915). Promotor de la separación del Estado y la Iglesia católica y de diversas reformas sociales. Su obra y legado se detallan en el capítulo 5.

La chacra me costó a reventar 17.000 dólares a fines de los 80. Eran catorce hectáreas. Después compré cinco hectáreas al lado en 10.000 dólares. Ahora vale mucho más, pero la suba no es fruto del trabajo que hice arriba. Después compré otra. Tengo 25 hectáreas. Las seis hectáreas últimas me costaron 50.000 dólares. Las compré porque tenían un pozo espectacular. Hoy todo eso sale 500.000 dólares fácil. No tiene proporción lo que pagaste con lo que vale. Hay una parte de eso que tiene que ser de la sociedad. ¡No seas malo! Tienen millones de dólares en la tierra y no quieren poner un peso más. Que puteen todo lo que quieran, pero en eso no transo.

Sobre la educación, su principal obsesión al iniciar el mandato presidencial era facilitar a los jóvenes la enseñanza de oficios. Repetir tres veces la palabra "educación" durante su discurso inicial no fue una excusa para generar aplausos. En ese momento, Mujica pensaba provocar una buena sacudida al respecto. Y, aunque logró concretar algunas ideas, al que sacudieron fue a él. Aquel marzo de 2010, su proyecto era separar la enseñanza técnica de la formal para que los jóvenes tuvieran una salida rápida al mercado laboral sin tener que pasar por la universidad. Quería fundar una nueva organización, aparte de la estructura tradicional, centrada en la Universidad Tecnológica del Uruguay (UTU), una institución destinada a adolescentes egresados del Ciclo Básico. Nada de eso ocurrió y hasta el día de hoy la UTU depende de las autoridades centrales de la enseñanza, que mantienen su autonomía.

> *Si me dejan, saco la UTU de toda esa rosca de la enseñanza secundaria y la junto con otras cosas, como el Laboratorio Tecnológico del Uruguay y otras organizaciones, y van a ver lo que pasa. No sé si podré. Les quiero decir mi fantasía: una nueva institución que se saque de arriba el lastre ese de las autoridades formales y la autonomía, que han hecho mucho daño. Hay que experimentar mucha cosa y no veo que eso se pueda hacer con Secundaria. Cuando vos no sabés lo que tenés que hacer con claridad, tenés que experimentar para tratar de encontrar el camino.*

Así lo hizo, y recibió en respuesta una resistencia persistente de la mayoría del sistema político y en especial de dos de los sectores que lo llevaron al poder: el Partido Socialista y Asamblea Uruguay, el grupo liderado por Astori. "Fueron el socialista Roque Arregui y el astorista José Carlos Mahía, junto con los legisladores blancos y colorados, los que me trancaron la reforma. Hasta los intendentes opositores me apoyaban", nos confesó al final de su gobierno.

La separación por ley de la enseñanza técnica de la formal es el fracaso del que Mujica más se lamenta. Pero igual buscó la forma de poder jerarquizar a las aulas destinadas a transmitir oficios. El *no* de un sistema político acostumbrado a la educación formal lo empujó a recurrir a métodos alternativos.

Promovió un "golpe de Estado" a las autoridades de la enseñanza y colocó al frente de las instituciones directrices a personas provenientes de la educación informal y técnica. "Tomé el poder por la fuerza y ni se dieron cuenta", ironizó a días de dejar de ser presidente.

El cambio generó un aumento significativo en la matrícula de la UTU y mejores resultados en ese sector de la enseñanza. Un consuelo para Mujica. Un alivio, junto con haber podido expandir, aunque sea un poco, la enseñanza al interior del país. Eso gracias a su idea de crear una nueva universidad pública fuera de Montevideo, destinada a carreras cortas y técnicas, y a la ayuda del entonces rector de la Universidad de la República (la principal y más antigua de Uruguay), Rodrigo Arocena, a quien valora como un amigo. Igual se siente insatisfecho. "La puta que es complicada la enseñanza", fue su conclusión al final del camino.

Hasta para arreglar los edificios destinados a escuelas y liceos tuvo problemas. La principal resistencia en ese caso fue la burocracia del Estado. También allí buscó la forma y logró revertir una situación complicada. Otra vez tuvo que recurrir al camino en la sombra.

Su cómplice fue la Corporación Nacional para el Desarrollo, y especialmente su presidenta, Adriana Rodríguez, que se tomó muy en serio lo de finalizar las refacciones. Mujica no duda en ponerla como ejemplo y reivindicar las trampas que valen la pena. "Tuvo que inventar una especie de Estado paralelo para lograr superar la crisis edilicia en la enseñanza. Si no era así, no se podía hacer un carajo".

Superar el conflicto con Argentina, buscar un acercamiento con los militares y terminar con una parte importante de los gastos excesivos realizados por el Estado fueron tres de las medidas que resolvió llevar a cabo en las primeras semanas.

En el caso de Argentina, la gestión fue exitosa. El conflicto entre Vázquez y Néstor Kirchner primero, y con su esposa Cristina Fernández después, había generado un bloqueo de más de cuatro años del principal puente entre Argentina y Uruguay. Los que habían cortado el tránsito eran los argentinos de la ciudad fronteriza de Gualeguaychú, en protesta por la instalación de una planta de celulosa del lado uruguayo. Uno de los principales objetivos de Mujica era levantar ese bloqueo y lo logró seis meses después. Con ese objetivo votó a Néstor Kirchner como secretario general de la Unión de Naciones Sudamericanas, idea a la que Vázquez se había opuesto. La tensión fue disminuyendo hasta casi desaparecer. Sin embargo, con los años de gobierno, el romance entre Mujica y Cristina Fernández terminó en un divorcio, aunque el primer objetivo estaba cumplido.

En la pelea con Argentina jugamos a quién la tenía más grande. Fue una riña de gallos. Nos dejaron cinco años con los puentes cerrados por una estupidez de esas. Los presidentes tienen que tener marcha atrás. Lo importante es la mayoría de la gente. No podés tener caprichos. Yo sé que a algunos no les gustó nada que haya arreglado, pero hice lo mejor para mi país. Nosotros no somos una provincia de Argentina, de casualidad. Tengo muy claro lo que es la Historia. Cuando nos peleamos con Argentina, nos va mal. Mirá el turismo. A ellos les encanta Uruguay y lo disfrutan como locos. Lo idealizan y lo adoran. Hay que aprovecharlo. Estoy podrido de sacarme fotos con argentinos en Colonia. Me dicen que quieren tener un presidente como yo. Vienen y ponen guita. Eso hay que cuidarlo. ¿Sabés la cantidad de gente que vive con eso? ¡Sos loco! Yo pienso también en toda esa gente.

Un tupamaro como presidente debe haber generado algún cosquilleo extraño en los militares. Por más que la mayoría de los que estaban en ese momento en actividad en las Fuerzas Armadas no habían sido protagonistas del enfrentamiento en los años 60 con la guerrilla, se habían formado y crecido escuchando que Sendic y compañía eran lo más parecido al demonio en Uruguay.

Mujica lo sabía y ya desde el primer día puso a los militares en el centro de sus prioridades. El 2 de marzo coordinó una reunión con todos los generales, coroneles y sargentos del Ejército, que se fijó para quince días después en el departamento de Durazno, en el centro del país. Allí realizó un largo discurso, en el que destacó todas las virtudes de las Fuerzas Armadas y tranquilizó a los más nerviosos. "Soldados de mi patria", les dijo, y anunció que sentía orgullo por ellos y que intentaría contemplarlos mediante todas sus posibilidades.

> *Considero que los milicos juegan un rol clave. No hay que ser ingenuos. Está muy claro que sin las Fuerzas Armadas no se puede. Es obvio que quienes luchan por el poder se tienen que preocupar por las Fuerzas Armadas. Porque, en realidad, el "nunca más" dictadura militar es un hermoso sentimiento, pero la garantía de que realmente ocurra es que la cabeza de la oficialidad del Ejército refleje la realidad política del país, más o menos. Para que los golpistas se puedan apropiar y conducir esa máquina para derrocar al gobierno, necesitan tener unidad. La única garantía que hay en contra de esa unanimidad golpista es la definición política distinta de los integrantes de esa oficialidad. Si la división política de la sociedad no entra a la cabeza de los oficiales, queda en manos de logias. O son masones, o son nacionalistas o lo que sea. Así es la vida militar en el mundo. Por eso los del Frente Amplio tenemos que ganar militares para nosotros. Esa es la garantía de democracia.*

Lamentablemente, me encontré con una izquierda pacata que tiene miedo de hacer política con los milicos. Yo tengo miedo de no tener milicos de mi partido político. ¡Se los estoy regalando a la derecha! ¡No seas malooo! Es una lucha por el poder que yo asumí desde el primer momento. No conozco a nadie que haya luchado por el poder en el mundo y que no se haya preocupado por tener milicos de su lado. Si no lo hacés, perdiste.

Intentó, además, como señal política otorgar prisión domiciliaria a los cerca de veinte militares retirados que estaban presos por los delitos que habían cometido en la dictadura (1973-1985). El procesamiento había ocurrido durante el primer gobierno del Frente Amplio y muchos de los que permanecían entre rejas habían sido sus carceleros. Procuró enviarlos a sus casas como señal de paz. Lo anunció públicamente en su primera semana, no obtuvo ningún respaldo y optó por no dar el paso.

Quise dar la batalla para lograr una prisión domiciliaria para los milicos. Pero perdí antes de concretar nada. Me di cuenta de que iba a partir al medio al gobierno recién empezando y que era al pedo, porque iba a perder. Pero nunca cambié de opinión. No quiero viejos de 80 años presos. No sirve de nada regodearse de esa forma en el pasado y que estos tipos se mueran en la cárcel. No cambia nada. Hay que dejarse de joder. Siempre lo dije y me tuve que quedar quieto.

Cortar con algunos excesos que estaba cometiendo el Estado fue el tercer asunto que Mujica aplicó de forma inmediata. Puso a la venta la casa presidencial en Punta del Este, balneario de la costa este de prestigio internacional, redujo los viáticos en los viajes al exterior y hasta mandó retirar de la estancia presidencial de Anchorena un yate que estaba aparcado en el limítrofe río San Juan. Y lo hizo público. La idea era dar la señal de que empezaba un gobierno sobrio.

Hice que se lo llevaran de ahí. Si tengo el yate, tengo que tener a un marino al pedo. Lo mandé con un marino amigo al culo del mundo. Creo que era un regalo de la Secta Moon a Pacheco[11] *y nunca lo habían sacado de ahí. Son señales. Es lo mismo que la casa de Punta del Este. Mañana viene un presidente que quiere ir a Punta del Este y va al Conrad, que tiene una suite presidencial. Ahorramos como locos. No tenemos que pagarles sueldo a esos cinco tipos que están todo el año al pedo. En la residencia presidencial de Suárez (en Montevideo) también hay una cantidad de funciona-*

11. Jorge Pacheco Areco asumió como presidente de Uruguay el 6 de diciembre de 1967, luego del fallecimiento de Oscar Gestido, y se desempeñó en ese cargo hasta 1972. Lideró el combate contra los tupamaros, recurriendo a mecanismos constitucionales previstos para situaciones extremas.

rios sin hacer nada. Pero todo eso, aunque parezca de locos, no es tocable.

Eran detalles menores dentro de la gordura del Estado. Con otros, la mayoría, no pudo. Pero ya desde el primer día anunció sus intenciones. Tanto que hasta colgó en la puerta de su despacho un cartel: "No avergonzar al señor Presidente. Hacer efectivo el aporte al Frente Amplio". Nunca cobró un viático por viajes al exterior y repitió durante todo su mandato que donaba el 70% de su sueldo para ver si se difundía el buen ejemplo. Se dio de frente contra una pared, que a juzgar por su frustración, era bastante dura.

> *Estoy con las bolas por el piso de firmar viáticos. Es una joda terrible. Les dije a todos los directores generales de los ministros que se dejen de joder con los viajes. La mayoría no sirven para nada.*
>
> *Soy un angelito yo también. Me dan cero bola. La gente es jodida a veces. Dono la mayoría de mi sueldo y no logré que casi nadie del gobierno ponga un peso para las casas de los pobres. Solo hay unas pocas excepciones. Es brutal.*

Los cambios que con el tiempo sí pudo concretar en el Estado están más relacionados con la gestión y la innovación que con el ahorro. Es probable que ninguno de ellos formara parte al inicio de las cuestiones imprescindibles para él, pero son resultados concretos que no duda en reivindicar y que tendrán impacto en el futuro.

Cuestiones laterales a lo destacado en la figura de Mujica, como que durante sus cinco años de gobierno se incorporaron energías renovables (la eólica, la solar y los biocombustibles), o la apuesta a una terminal regasificadora, o el inicio de la búsqueda de gas y petróleo en Uruguay, o una nueva interconexión eléctrica con Brasil, también figurarán en los libros de Historia.

Otros asuntos a señalar son, por ejemplo, que las empresas públicas aumentaron en forma considerable su inversión, generando un mayor dinamismo en la economía local aunque también un déficit fiscal importante al final del mandato, que Mujica justifica como "necesario". O que los funcionarios estatales comenzaron a regirse por un nuevo Estatuto, luego de varias idas y venidas, negociaciones, huelgas, modificaciones al texto original y modificaciones a las modificaciones. El resultado: un régimen laboral un poco más adaptado a la realidad, pero lejos de la idea inicial de igualar a los empleados públicos con los privados.

La lista es más larga, aunque se puede resumir en unos cuantos fracasos y algunos éxitos para comenzar, y así durante cinco años. Pero su llegada al poder generó en la sociedad una vibración similar al terremoto del que Mujica hablaba antes, aunque mucho más leve y subterráneo. De esos que no provocan grandes cambios en la superficie pero dejan secuelas.

4

El irreverente

La mañana ya había sido extraña. Todo empezó muy temprano, unos minutos después de las ocho. El sol, apenas arriba, hacía más intenso el verde de la pradera al llegar a la entrada de la estancia presidencial de Anchorena, ubicada en el departamento de Colonia, a unos 210 kilómetros de Montevideo. Presentamos los documentos y pasamos la primera barrera. Cuando estacionamos el auto frente a la segunda, sentimos dos bocinazos a nuestra espalda. Una camioneta Mitsubishi 4x4 blanca pretendía seguir su paso. El chofer hizo un movimiento rápido y se ubicó a nuestro lado. "¡Seguime que yo te llevo!", gritó Mujica desde el volante, luego de bajar la ventanilla. En el asiento del acompañante estaba Lucía. Se acabaron los controles. Pusimos primera y a seguir al presidente.

Unos dos kilómetros después llegamos a la casa principal, una mansión de estilo colonial construida a principios del siglo XX por un millonario argentino, Aarón de Anchorena, y donada al Estado uruguayo para exclusivo uso presidencial. Mujica se bajó de la camioneta junto a su esposa y descubrimos que había una tercera integrante entre los pasajeros: la perra Manuela. El presidente y la primera dama llevaban pantalones y calzados deportivos y buzos un tanto descoloridos. Él se había puesto un gorro con visera y lentes de sol, por lo que no era fácil reconocerlo. Los lentes, marca Ray-Ban, los había dejado olvidados Raúl Sendic hijo, en ese momento presidente de la empresa petrolera estatal Ancap, y Mujica se apoderó de ellos.

Unas pocas palabras sirvieron de bienvenida y ya surgió la propuesta: "Vamos a dar una vuelta", nos dijo. Y allá subimos a la camioneta. Nosotros éramos tres —una de nuestras parejas se sumó a la visita—; ellos eran dos y Manuela. Todos de excursión con el presidente como chofer y guía. Anduvimos por los bosques de robles, nos cruzamos con manadas de ciervos y hasta bajamos a una playa sobre el Río de la Plata desde la que se ve Buenos Aires. Una mañana particular, sin duda.

Pero faltaba mucho más. Al llegar a la casa principal, nos ofrecieron un recorrido por las instalaciones y lo único que estaba ocupado era la cocina. El *tour* incluyó los cuatro dormitorios, el *living*, una zona destinada a trofeos de caza —incluida una cabeza de jíbaro—, otra en la que había recuerdos de viajes a distintas partes del mundo y un enorme salón con una mesa para veinte personas y estufa de leña. Todo muy antiguo y lujoso. "Hasta parece un museo", comentó Mujica. "En este rincón, por ejemplo, se sentaban los milicos a chupar *whisky* mientras yo estaba en los aljibes y en esta otra silla se sentó Bush hace tres años", explicó señalando algunos lugares de la gigantesca mesa.

"Nosotros no dormimos acá", dijo Lucía, y comenzó a caminar hacia una construcción al costado de la casa principal, destinada originalmente para los caseros. "Esa es la que usamos. Le dicen el hotelito porque es también para huéspedes".

Hasta ahí fuimos, los cinco, con Manuela indicando el camino. Su cucha, hecha de una frazada vieja y agujereada, estaba al costado de la puerta de entrada. En el *living* comedor, la estufa de leña estaba encendida y la mesa tendida. Almorzamos un guiso de lentejas, con dos botellas de vino. Y vinieron las ganas de ir al baño. Al cerrar la puerta y pararse frente al inodoro, llegó la sorpresa mayor: la ropa interior del presidente y la de su esposa colgaban en una de las ventanas.

Así fue desde el punto de vista protocolar Mujica presidente. Esos episodios, como el de Anchorena, ocurrían todo el tiempo y se transformaron en leyendas que todavía circulan por distintas partes del mundo. "¡El protocolo, la liturgia del poder y todas esas estupideces me chupan un huevo!", resumió en una de las tantas charlas que tuvimos.

De esa forma se manejó en Uruguay y en el exterior. Irreverente. Faltándoles el respeto a casi todas las convenciones y volviendo locos a los funcionarios encargados de trabajar en cada uno de los aspectos asociados al jefe de Estado.

En la Torre Ejecutiva, los que se ocupan del protocolo se encuentran en un sector del piso 10, uno por debajo de donde está la oficina del presidente. Son unos veinte empleados que trabajan en esos temas y, al promediar el mandato de Mujica, estaban todos peleados. No tenían mucho para hacer, y lo poco que sí hacían no se cumplía como había sido planificado.

"Es muy difícil trabajar con Mujica. No le gusta cumplir ningún libreto y hasta se enoja si le vas a plantear las cosas más mínimas. No lo aguantamos más. Hay varios acá que están deseando que se vaya", confesó un funcionario que trabaja hace más de veinte años en la Presidencia. Y muchos sentían lo mismo que él. Durante el quinquenio que tuvieron que coordinar sus actividades les sobraba el tiempo y eso siempre dificulta la convivencia laboral.

Al próximo viaje a Estados Unidos va gente de protocolo. Eso me lo tengo que bancar aunque los dejaría acá sin problema. Está claro que no soy un tipo muy preocupado por el protocolo, ¿no? Los tengo en la Torre abajo de mi escritorio y están al pedo todo el día. No les doy ni pelota. Igual me tengo que comer mucho protocolo. Empecé a ver a la monarquía con otros ojos. Al príncipe de España me lo encuentro en todos lados. Es como el perejil, está en todas las comidas. Está bravo aguantar eso. La cosa que más me desespera de los protocolos es la plata que tiran los Estados al pedo. Hasta en Bolivia lo viví. En el fondo, te agreden con esas cosas.

No solo los funcionarios de protocolo tenían problemas. Los presidentes están cubiertos por una estructura que funciona como los engranajes de un reloj. Los hombres pasan, pero esos armazones quedan y están hechos para respetarse. El que termina se los quita de encima, como si fuera una camisa, y se los vuelve a poner el que empieza. Se explican en la importancia de la investidura, en la necesidad de mantener la seguridad personal y en el respeto y el cuidado a la institución. Mujica resolvió desarmar todos esos engranajes y dejarlos durante cinco años desordenados y tirados por el piso. Nada funcionaba de la misma forma. Ni Anchorena ni la Torre Ejecutiva ni la seguridad ni el transporte ni las comunicaciones ni nada.

No dejaba que le abrieran las puertas de los lugares a los que iba o del auto que lo trasladaba. Sus choferes evitaban las formalidades por temor a los rezongos. Tampoco circulaba por la ciudad en un auto identificado como el del presidente. Y siempre se sentaba adelante, al costado del conductor. Eso cuando no se le ocurría conducir su propio Volkswagen Fusca celeste por Montevideo. Y a veces ni siquiera avisaba a la guardia sobre sus salidas.

Una mañana de invierno de 2012 nos convocó a uno de los caminos cercanos a su casa. "Los espero en la subida", nos dijo. Llegamos cinco minutos antes de la hora prevista y vimos a lo lejos el Fusca estacionado al costado del camino. Parecía abandonado, pero cuando nos detuvimos a su izquierda Mujica se incorporó, bajó la ventanilla y asomó la cabeza. "Vamos a la casa de un amigo a cuatro cuadras", nos informó y lo seguimos. Nos bajamos en un galpón y, después de que pidió permiso a los dueños de casa, estuvimos una hora hablando de cuestiones de su gobierno. Le había pedido la renuncia a un ministro y nos quería explicar las razones. Su teléfono celular sonó cuatro veces. A la cuarta atendió y gritó: "¡Ya voy. Déjenme un poco tranquilo!". Era su guardia personal que estaba tratando de localizarlo. "Los cagué. Los tengo locos", comentó con una sonrisa. De todos modos, ciertas veces se preocupaba por los que hacían esas tareas.

> *Cuando voy en el auto oficial, no dejo que me abran la puerta del auto y no me siento nunca atrás. Si nos la vienen a dar, no quiero que se la den solo al chofer. Tenés que participar con él. Ando con un auto de Presidencia, pero con una chapa atorranta que encontraron en un basurero de por ahí. Los milicos ya saben cuál es la chapa y chau. Lo que quiero es pasar desapercibido por la calle. No me gusta armar escándalo. Toda esa parafernalia alrededor del presidente que se la metan en el orto. No va conmigo.*

Montevideo tiene un caserón antiguo y lujoso de dos manzanas, ubicado en el barrio residencial Prado, que está destinado a la vivienda del presidente. Hasta la llegada de Tabaré Vázquez al poder, los cuatro mandatarios anteriores lo habían ocupado. Vázquez optó por vivir en su casa, también en el Prado, y destinó la mansión presidencial de las calles Suárez y Reyes a oficina. Mujica hizo lo mismo. O casi.

Él prefirió usar su chacra en las afueras de Montevideo como oficina secundaria. Fueron muy pocas las veces que se trasladó a la residencia presidencial de Suárez y jamás durmió ahí. Figuras y gobernantes extranjeros, ministros de su gabinete, periodistas de Uruguay y del exterior, legisladores, todos ellos pasaron en algún momento por su casa. Nosotros también. Decenas de veces. Algunas conversamos alrededor de la mesa de la cocina, donde él pasa gran parte del día; otras en el pequeño *living*, al costado del fuego. Pero la mayoría de los encuentros ocurrieron afuera, entre los árboles, donde hizo colocar una mesa grande de madera con su nombre marcado a fuego que le regaló un amigo paraguayo y que emplea como lugar de recibimiento y reuniones.

Una noche calurosa de domingo, en noviembre, nos esperó sentado en el aljibe frente a la puerta. Había salido a disfrutar del fresco primaveral. Como casi siempre en su casa, llevaba ropa muy informal y no se había puesto los dientes postizos. Nos recibió con un vaso de *whisky* para cada uno. Nos sentamos sobre el aljibe a conversar por más de una hora. Los caracoles circulaban con cierta dificultad entre nosotros. Al promediar la conversación, apoyó el vaso sobre el borde. Cuando lo tomó nuevamente, se dio cuenta de que un caracol flotaba entre el líquido ámbar y los hielos. Lo agarró de la caparazón, lo tiró bien lejos y siguió tomando como si nada. Ni un chiste hizo. Nosotros tampoco, porque era él el locatario.

Nunca dejó entrar personal de servicio a su casa. Ni para limpiar ni para cocinar. Tampoco permitía que le cocinaran en Anchorena, salvo cuando recibía invitados. Y eso se notaba en la chacra de Rincón del Cerro cada vez que su esposa viajaba al exterior o al interior del país. Él limpiaba, pero solo lo básico. La que cocinaba era Lucía, aunque Mujica se hacía cargo de algunas tareas, como la comida de la perra.

Saber cocinar bien es saber cocinar con lo que hay. En Anchorena nos cocinamos la vieja y yo y lavamos los platos y todo. Es un problema de cabeza. No quiero sirvientes que me hagan la comida y limpien. A los tipos que están destinados para el presidente les costó en pila entender eso cuando yo llegué. Antes cocinaban para toda la familia del presidente. Ahora solo cocinan cuando vienen invitados.

Alguna cosa en la cocina hago, como salsa de tomate, pero en especial le cocino a Manuela. Come bue-

na carne picada frita, con cebolla. Si no le das eso te mira como diciendo: "¡Qué me das, pelotudo!". A mí me tiene en un puño. Hace lo que quiere conmigo. A veces me levanto de madrugada y lo primero que hago es prepararle la comida.

Tampoco respetó como presidente las rutinas que le sugerían para cuidar su seguridad personal. Nunca lo hizo. Se movía con muy poca gente alrededor. Almorzaba en distintos bares de Montevideo sin más compañía que su chofer Daniel Carabajal o, en algunas oportunidades, integrantes del gobierno.

Siempre estuvo al alcance de una foto, un abrazo, una mano o un golpe. "No hay que andar con tanto cuidado porque si te la quieren dar, te la van a dar", decía. "Si algo aprendí con los tupas es que por más seguridad que pongas nunca estás seguro".

—¿Andás armado? —le preguntamos cuando ya era presidente.

—*Sí, en mi casa tengo más de un fierro y a veces, cuando es necesario porque voy a andar solo, salgo calzado* —nos confesó—. *Me podrán venir a limpiar, pero seguro que me llevo a alguno.*

Al exterior siempre viajó con al menos una persona encargada de la seguridad y del revólver. Las delegaciones que lo acompañaron en sus misiones a otros países eran pequeñas y, muchas veces, el edecán militar también era el responsable de cubrir las espaldas del presidente y de portar el arma. Casi todos cumplían doble función. Su médica personal, Raquel Pannone, hacía por ejemplo de secretaria y de fotógrafa, sacándole cientos de fotos que pedían desde periodistas y diplomáticos de otros países hasta transeúntes asombrados.

Los viajes más cercanos los hizo en dos pequeños aviones de la Fuerza Aérea Uruguaya de más de cuarenta años, en los que caben menos de treinta personas. Aviones a hélice que cuando quedaban estacionados en los aeropuertos en medio de las grandes cumbres internacionales encarnaban un severo contraste. "Es lo que hay, valor", decía.

Mujica no entraba parado en el baño. Orinar ahí era una odisea. Los aviones se movían como si fueran de juguete y el espacio era muy reducido hasta para comer. Además, los viajes se volvían interminables debido a la velocidad promedio. Mujica se descalzaba y caminaba por el estrecho pasillo o subía sus pies y los apoyaba en el asiento delantero.

Al velorio de Hugo Chávez lo llevó la presidenta argentina Cristina Fernández en su avión. No lo podía creer. "Hasta una peluquería tenía adentro", nos contó después Mujica. Cama de dos plazas, un enorme placar para la ropa, baño con ducha, *living*, de todo. "Ese sí que es un país en serio", ironizó.

Los viajes largos los hacía en aviones de línea. Trataba de evitar las esperas y conexiones pero no siempre lo logró. Ocupaba algunos asientos de la primera clase pero en la mitad del viaje se aburría y caminaba por la clase turística. Los pasajeros lo miraban asombrado. Se sacaban fotos, lo abrazaban, comentaban.

Afuera del país no cambiaba su estilo alejado del protocolo y las formalidades. Por el contrario, mantenía cada una de sus costumbres y eso llamaba la atención de sus anfitriones. Así circuló por los principales medios internacionales y nunca pasó inadvertido. Lo distinto vende y él lo supo desde siempre. En Uruguay ya era reincidente y no sorprendía, pero el mundo lo estaba conociendo.

De visita en Suecia, provocó un operativo de magnitud cinematográfica en el Palacio Real, luego de dejar olvidado sobre una mesa del salón principal un regalo para el rey. Mujica mantuvo una breve reunión con los monarcas suecos y se retiró de la antigua mansión sin percatarse de entregar el obsequio. Una informalidad típica de él, pero que movilizó al grupo antibombas de ese país. Enviaron decenas de policías y especialistas, cerraron el perímetro del palacio e ingresaron con robots, encargados de manipular y abrir al extraño paquete. La tensión terminó en risas, cuando descubrieron que lo que permanecía oculto era una piedra amatista con el nombre de Uruguay grabado.

En otro Palacio Real, el de Bélgica, mostró su faceta más rebelde. Allí lo estaban esperando junto a la puerta los encargados de protocolo cuando fue de visita. Los ministros se habían adelantado unos pasos a su llegada. "Sabemos que su presidente no usa corbata pero aquí es necesaria para poder entrar, así que nos tomamos el atrevimiento de esperarlo con una de regalo", anunció la funcionaria encargada.

"¡Avisen que no entro nada! Nos vamos, muchachos", gritó Mujica, que escuchaba a unos metros de distancia, y giró su cuerpo en la dirección contraria a la entrada. Tuvieron que convencerlo de que no suspendiera la reunión. "Está bien, pero corbata no me pongo ni en pedo", insistió ante la sorpresa de los funcionarios belgas.

También era diferente en la intimidad de esos viajes. Cuando voló a China en mayo de 2013, por ejemplo, le dieron una residencia reservada para jefes de Estado, a todo lujo. El dormitorio tenía más de treinta metros cuadrados y un baño con un enorme yacusi. El Turco Hernández fue quien viajó como su guardaespaldas en esa oportunidad. Cuando llegó a la habitación en Pekín, le ordenó la ropa, le colgó los trajes y luego se dio un baño de inmersión. Cuando se estaba yendo a dormir al cuarto contiguo, se llevó una sorpresa.

—Pará, pará. ¿A dónde mierda vas?

—A dormir. Tengo un cuarto preparado acá al costado.

—Ah, sí. Mirá que bien. En mi cama caben como ochenta personas así que vas a dormir conmigo. Esta cama debe tener un lindo colchón, que seguro nos aguanta a los dos.

No solo el Turco compartió el dormitorio con el presidente. También el Flaco Haller y Daniel Carabajal, que viajaron a otros países en las mismas circunstancias. Dormían a su lado, escuchaban sus ronquidos y sus repetidas caminatas nocturnas al baño, pero no había forma de tenerlo controlado.

En un viaje a Madrid en 2013, se levantó a las 03:30 de la madrugada en la casa del embajador uruguayo y resolvió hacer un poco de gimnasia. Venía de China y tenía los horarios totalmente alterados. En el subsuelo de la residencia hay un espacio destinado a un sauna, aparatos de gimnasia y una bicicleta fija. El Turco reaccionó entre sueños y lo siguió. También el embajador uruguayo en España, Francisco Bustillo, que todavía estaba revisando la agenda para el otro día. "¡Déjenme solooo! ¡Parecen milicos, que hay que ordenarles las cosas!", gritó Mujica desde la bicicleta. A la media hora subió para acostarse nuevamente, mucho más distendido.

Tampoco prestaba mucha atención a su vestimenta en el exterior. Rara vez hacía combinar el saco con la camisa y el pantalón. En los ratos libres se ponía ropa deportiva y así recibía a los medios. Más de una vez mandó "a cagar" a sus asesores que le pedían que se cambiara un buzo o una camisa. Cuando su amigo de la oposición, el

Guapo Larrañaga, le pidió que por lo menos en sus viajes no llevara un espantoso saco a cuadros que había usado en sus tres primeros años de gobierno, Mujica respondió: "Agradecé que me lo pongo". Así andaba, ese era su sello. Cuanto más distinto a todos los que lo habían antecedido y a lo que hacían sus colegas de otros países, mejor. Supo hacer de eso un culto.

A veces se produce un apartheid entre la sociedad y los gobernantes. La forma de vivir parece una pavada pero no lo es. Por ahí también viene el descrédito de los políticos. La gente piensa que los que llegan a presidente son todos iguales y termina habiendo un descreimiento brutal en la política. Es un problema serio y por eso trato de combatirlo. Ojo, yo tengo una manera de ser, pero no le reprocho a nadie que no viva como yo. Tengo amigos que tienen guita en pila y los aprecio mucho. Tampoco quiero imponerles a los demás mi forma de vivir. Pero la política te separa del común de la gente. Me votarán o no me votarán, pero el grueso de la gente en la calle me respeta y me quiere. Eso es porque no les refriego la Presidencia por el hocico.

Lo que yo siempre digo es: "Tratá de vivir como piensas porque si no pensarás como vives". Eso se aplica siempre. La cantidad de discursos que la gente se arma para justificarse es increíble. Con la pajería del poder y la puta que lo parió todo se justifica y terminás en una casita de marfil rodeado de una cohorte de alcahuetes que lo único que hacen es lambetear al jerarca poderoso. Es peligrosísimo. Eso lo hemos visto por todos lados.

Quizá por eso tomó distancia de los demás presidentes que lo antecedieron en Uruguay. Se sentía *sapo de otro pozo* y rara vez participaba en actividades con ellos. "No soy del club", decía y lo atribuía a "un tema de clases" sociales. Para él, no ser masón, no ser profesional universitario y ser un expresidiario no es impedimento para llegar a presidente pero sí para integrar el *grupo de los ex.*

Soy un irreverente nato. Me junto con los expresidentes y no me siento para nada en sintonía. Me miran raro. Ellos saben que no pertenezco a ese mundo. No pertenezco ahora ni voy a pertenecer nunca. Soy una excepción a la regla.

Sí, una excepción pero planificada y con justificación: desacralizar el poder. El objetivo de Mujica siempre fue colocar al presidente como un ciudadano más. Por eso intentó eliminar la distancia entre el jefe de Estado y la vida cotidiana de su ciudad y de su país. Y así también se hizo famoso en el mundo. Reivindicando la sobriedad y la República.

La historia de la República es la lucha por la libertad después de que empezó la etapa del sometimien-

to, hace bastante poco en la historia de la humanidad. Como la República viene con el marco del capitalismo, es la lucha por la libertad, por la igualdad de oportunidades, pero con el egoísmo como motor. Es para sacar a los reyes y a los dueños. Pero en el concepto de República se nos meten a contrapelo temas de la sociedad de clases que no tienen nada que ver con lo republicano. La definición de los republicanos es que nadie es más que nadie. Los presidentes, hasta ahora, se domesticaron a aceptar ese contrabando feudal que viene de la monarquía. Por eso aceptaron toda la parafernalia que se armaba alrededor de ellos. El círculo, la alfombra roja, la pleitesía, todo eso no es la República. La República es igualdad y la deciden las mayorías, a las que nos debemos en cuerpo y alma. Los gobernantes deben vivir con sobriedad, como la inmensa mayoría del pueblo que los votó. El presidente es un ciudadano como cualquier otro. Para sacar la mierda de mi casa necesito que venga el albañil y me ponga la taza. Y no soy diferente al plomero o al albañil. ¡Qué joder! No voy a arreglar nada con esto, pero a mí no me van a domesticar.

Y no son cuestiones oportunistas, son cosas recontrapensadas. Le he dado muchas vueltas a esto y creo que esa será una de mis principales herencias. El presidente es un viejo que se va a morir de un ataque en la mitad del campo como cualquier otro y la gente tiene que darse cuenta de eso.

El tema siempre fue recurrente en las conversaciones con Mujica. Cada semana aparecía una noticia sobre su forma distinta de ejercer el poder y él la justificaba recurriendo a contrastar monarquía y república. Los expresidentes uruguayos contemplaban en silencio las salidas de libreto. En privado, algunos las relativizaban. "Es la cáscara. No tiene ningún contenido. No se arregla ni cambia nada con esto", nos dijo en reserva uno de ellos. Confirmó, además, que Mujica es visto como "el diferente". Lo ven así Julio María Sanguinetti y Jorge Batlle del Partido Colorado, Luis Alberto Lacalle del Partido Nacional y también su compañero Tabaré Vázquez, del Frente Amplio.

Más allá de eso, él hablaba en forma frecuente con Lacalle, Sanguinetti y Vázquez durante su período de gobierno. De todos escuchó consejos pero no siguió casi ninguno. El más cercano, por razones obvias, fue Vázquez. Pero también uno de los más distintos. "Se maneja como un monarca", decía Mujica ante los reclamos de Vázquez, pero ese es un capítulo aparte.

> *Sos el presidente y pensás que estás en una categoría superior. Un conde, un marqués, un monarca. ¡No jodááás! Para mí es terrible eso.*

"Mantener la distancia" fue lo que le recomendó Lacalle los primeros días. "El presidente tiene que tener un aura de misterio a su alrededor", le dijo. También le sugirió que dispusiera de una pieza para poder "guardar todos los regalos".

"Ni pelota le di", nos confesó Mujica. Eso no quiere decir que no lo escuchara. A Lacalle lo considera un "tipo oscuro y retorcido", pero un gran político, que siempre tiene algo que enseñar.

Con Batlle no habló demasiado durante los años de presidente. Alguna conversación telefónica sobre temas menores y unos pocos encuentros insignificantes. Irónico si se tiene en cuenta que ambos compartieron un estilo descontracturado, una lengua muy larga e ideas extravagantes.

A Sanguinetti lo respeta, y también lo escucha. Recibía sus llamados en forma frecuente. La mayoría eran recomendaciones en temas internacionales, aunque también le aconsejó dormir siesta. Mujica tomaba nota y alguna sugerencia siempre terminaba en acción. Aunque públicamente lo cuestionó con dureza y lo acusó de destruir los valores más importantes de la sociedad uruguaya, en el mano a mano nada de eso ocurría.

> *Es un capo, un encantador de serpientes. Conmigo se porta bárbaro. Trata de no chocar nunca. Es muy amable. Terminó su partido y ya está de vuelta en una cantidad de cosas. Pero comparte con Lacalle todo aquello de los regalos, el misterio y la liturgia. Tiene guardadas hasta en el garaje pinturas que le han regalado como presidente. Nosotros nos quedamos*

con muy poca cosa. La mayoría de los regalos los volví a regalar.

Todos ellos se creen el cargo. Podrán decir que yo soy un viejo vejiga pero no entendieron lo que está pasando. Muchas veces me parece que reducen el pensamiento a negro o blanco.

Es cierto que Mujica nunca terminó de creerse el cargo y tal vez ese fue uno de sus principales problemas. Y también una de sus virtudes. Un presidente tiene que serlo y parecerlo, dicen. Él lo fue en todo momento. Nunca dejó de ocuparse de sus tareas. Pero no lo parecía casi nunca. Eso le dio proyección y credibilidad. También le trajo problemas, a él y a sus asesores. No es fácil establecer la agenda de un presidente que parece no serlo. Tampoco se puede controlar el contenido de sus discursos ni sus silencios. Lo que provocó admiración para algunos significó desconfianza para otros.

Sigo yendo a los boliches de mi barrio y tengo los amigos que tenía antes. La mayoría de la gente me dice "Pepe", ni siquiera me dicen presidente. Y me tutean. Por suerte. No quiero saber nada con eso de señor presidente. Algunos dicen que eso no ayuda, pero que se vayan a cagar. Soy así. Si no me tienen confianza, los entiendo.

La irreverencia y el fastidio con tradiciones y formalidades tienen un origen poco conocido: el anarquismo.

Mujica es, en esencia, un anarco convencido. Después de años de conocerlo, tratarlo y profundizar en sus ideas no caben dudas al respecto. Un anarco con poder. Una contradicción difícil de entender, pero cierta. Un presidente que vive el poder con cierta culpa y que cuestiona algunos de sus mecanismos, pero que le encanta ejercerlo. Una paradoja caminante que genera desorden y hasta disfruta haciéndolo.

De la misma forma que esquiva cada vez que puede la ceremonia, tampoco se siente muy afecto a la Constitución y a las leyes. En algunos casos las entiende como meras formalidades, por más que es consciente de que son las que regulan su trabajo como político. Jamás se le ocurrió desde la Presidencia eliminarlas, pero a veces optó por darles una importancia relativa.

El concepto de *lo político por encima de lo jurídico* tiene una explicación fundada en Mujica. No es un simple capricho ni un desprecio hacia el estado de derecho y la democracia. Mujica cree que la democracia es, como decía Winston Churchill, "la peor forma de gobierno, con la excepción de todas las otras que se han probado".

Argumenta con mucha convicción que la Constitución y las leyes son convenciones sociales surgidas de la política y que no merecen un respeto absoluto. Siempre recuerda que durante su mandato, los abogados le decían: "Usted, presidente, primero díganos qué quiere y después nosotros buscamos las leyes que lo justifiquen. Todo se acomoda". Todavía bromea con eso. No siente mucha simpatía por los abogados que trabajan con el poder. Los ve serviciales al gobernante de turno. Por eso cree que lo político estuvo encima de lo jurídico a lo largo de toda la historia de la humanidad y también ahora. Los hombres siempre crearon y adaptaron las leyes según sus subjetividades.

> *El abogado escucha lo que vos le pedís y después arregla las leyes de acuerdo con eso. Siempre va a estar a favor del cliente. Toda la vida fue así. El derecho positivo surgió para justificar lo que querían los gobernantes de turno. Está muy bien el estado de derecho porque lo otro sería la monarquía y que el rey haga lo que le parezca. Pero el gran asunto es que al estado de derecho hay que ponerle un poco más de sentido común. No me vengan con que es perfecto, incuestionable y está encima de todo, porque eso es mentira. Y lo es porque lo interpretan hombres opinables, subjetivos y que no pueden ser conscientes de su pertenencia de clase.*

Es evidente que semejante pensamiento tiene sus consecuencias, tanto en la oposición, que nunca le perdonó haber justificado actos políticos por encima de lo jurídico, como en el Poder Judicial, que declaró inconstitucionales algunas de sus leyes importantes. La Suprema Corte de Justicia derribó tres normas centrales del gobierno de Mujica, especialmente el impuesto que puso a los poseedores de más de 2000 hectáreas de campo.

No soy jurista. El gran problema es que los abogados me llevan para un lado y para el otro. Te convencen de cualquier cosa. Es brutal. Después me trancan en la Suprema Corte y ellos me argumentan para el otro lado. Ahora, las trabas siempre son jurídicas. El problema es que no se hace un curso de presidente. No hay. El Uruguay ha logrado hacer un sistema jurídico brutalmente preventivo. Nosotros tenemos una democracia preventiva en cuanto a pensar todas las variables de las deformaciones humanas. Por eso no se puede hacer nada. ¡Hay unas dificultades para hacer cualquier cosa que no tienen gollete! Siempre está la Constitución o alguna ley para trancar.

Cuando terminaba su gobierno, Mujica tuvo un incidente con los jueces que terminó por afirmar su fastidio con la Justicia. Fue por un tema de dinero, de esos que siempre lo irritaron. Los magistrados exigieron un aumento salarial debido a que los ministros del Poder Ejecutivo habían tenido un incremento. Y el gobierno se lo negó. Como en Uruguay el sueldo de los jueces está atado al de los secretarios de Estado, la decisión final la tomaron los tribunales. El presidente estaba indignado y se sentía solo. La soledad de la *oveja negra*.

La Justicia me tiene desencantado. Ahí se manifiesta la lucha de clases también. La Justicia no es comparable en el sentido de que decide lo que le piden o por qué le pagan. Pero defiende la de ella y a veces tiene poco de justicia. Tiene fallas humanas importantes. Y para colmo, los jueces son los únicos que levantan centros y van a cabecear para su bolsillo. Igual no podés dejarle la Justicia al Poder Ejecutivo. Ya la humanidad sufrió mucho por eso.

Ahora, no me vengan con la vieja vendada y todo eso como símbolo de la Justicia. Está con los ojos muy abiertos y tiene la sensibilidad en el bolsillo. ¿Dónde se vio que 400 jueces reclamen por sus sueldos y se asuman como juez y parte? A mí me mata eso. Veo que nadie se preocupa por lo general. En todos los ámbitos está lo chiquito y eso es difícil. Son los tipos que tienen que laudar por el país. Han mantenido instituciones que son insostenibles y después me vienen a decir que la ley ante todo. Ni ellos se lo creen.

El pasado de Mujica también tiene mucho que ver en todo esto. Es comprensible que una persona que estuvo más de diez años deseando un colchón y un inodoro reste importancia a las formalidades. Que alguien que dependía de otro para abrir una puerta o ver el cielo ahora prefiera que nadie haga esa tarea por él. Que un expresidiario que soportó la parte más fructífera de su vida en un calabozo diminuto, sin un juicio previo, no tenga mucha confianza en las leyes y la justicia.

Ya desde la época de tupamaro y clandestino registró que las convenciones están para esquivarse y que mandan mucho más las personas que los articulados preestablecidos. Una vez, al hablar sobre su forma de ser tan poco políticamente correcta, recordó una anécdota de la época de la guerrilla que seguro estuvo muy presente en sus pensamientos, al menos durante los primeros años de reclusión. Allí también se fueron forjando las fronteras difusas de lo que iba a venir después.

> *Acá siempre se negoció por abajo de la mesa, así que no me vengan con formalidades. Les voy a contar una que me sirvió para entender cómo son las cosas. Allá por principios de los 70, me reuní con Sendic y con el Ñato, que estaban presos, y yo estaba afuera. La idiosincrasia del Uruguay sirvió mucho para eso. Llegué a tener una reunión adentro del Batallón Florida siendo clandestino. Y Sendic también, cuando todavía no había caído. Sendic entró en el Florida y negociaba y se iba. Y los milicos cumplían la palabra. Andá a explicar esas cosas en el exterior.*
>
> *Entre los milicos que estaban negociando estaba Armando Méndez y algunos capitanes. Pero un día les batieron a los jefes y se pudrió todo. A los milicos los cagaron los políticos. Habíamos avanzado mucho en la negociación. Yo negociaba desde afuera. Había un monte de eucaliptus al lado del Batallón 13 y dormía en ese monte. Todo esto fue después de la fuga del Abuso de Punta Carretas. Hicimos una especie de congreso de noche en el monte. Ahí dijimos que aceptábamos la*

rendición pero que ellos se comprometían a nacionalizar algunas estancias y nosotros las íbamos a trabajar. Era una propuesta del Bebe. A los negociadores los mandaron a la mierda los milicos de más arriba y los políticos. A Legnani, que era el que estaba al frente del Batallón Florida, lo barrieron. El general Esteban Cristi fue el que barrió con todo.

El Bebe decía que una derrota, si lográbamos esto, era muy buena. Era muy negociador. Aprendí mucho con él. Una de las propuestas de los milicos era que el Bebe fingiera una caída espectacular y los mandó a cagar. Nosotros le decíamos que se fuera del país. Lo queríamos mantener porque era una especie de símbolo. Son todas cosas por las que atravesábamos y que explican mucho lo de hoy. Pero no podíamos pensar lo que vendría después. Yo andaba en bicicleta con un sobre de nailon y me acostaba en cualquier lado, a la intemperie. Vestía un mameluco de la construcción.

Pasaron los años y aumentaron las responsabilidades, aunque los lugares y la dinámica no cambiaron demasiado. Incluso, como presidente, Mujica siempre anduvo por cualquier lado, sin avisar ni pedir permiso. Su filosofía era, también como lección del pasado, no repetir todos los días la misma rutina. Pero nada más. Después, exponerse lo máximo posible a la gente.

Muchas de las charlas que mantuvimos con él siendo presidente ocurrieron en uno de nuestros domicilios, en el barrio céntrico Parque Rodó. Llegaba alrededor de las ocho de la noche y se quedaba hasta la madrugada. Hablábamos de todo un poco, sin agenda. Se distendía entre botellas de vino, algunos cigarros y comida. Especialmente dulce. El Chajá y el Massini, dos postres típicos uruguayos, son su perdición. Pero también le gusta la comida casera, que siempre le provoca anécdotas jugosas sobre su pasado.

Más de diez veces lo tuvimos de visita. El mecanismo era muy sencillo. Tocaba el timbre su chofer y después bajaba él. A veces se cruzaba con alguien del edificio, que quedaba sorprendido, y Mujica le hacía alguna broma para distender. Afuera esperaba su custodia durante unas cuantas horas. Eran cuatro individuos de particular dentro de un auto estacionado en la esquina. En más de una oportunidad, los vecinos llamaron a la policía porque los veían como sospechosos.

La intimidad y la confianza le quedaban bien al presidente. Detrás del personaje mediático y del mito, se dibujaba la misma persona, con los mismos intereses y reflexiones mucho más depuradas. Un ser auténtico. Alguien inteligente, que hace pensar, que provoca desde su lugar de *oveja negra*.

A poco menos de un año de terminar su mandato, le preguntamos si había cambiado su concepción del poder después de ser presidente. Reflexionó unos segundos antes de contestar. Se lo tomó en serio.

La percepción del poder en la Presidencia es más o menos la misma. Yo no soy un guacho tierno y tengo claro cómo se manejan estas cosas. Por algo llegué. Pero se multiplican algunos asuntos jodidos. La miseria humana, la vanidad y el afán de poder estúpido. ¿De qué poder me hablás? A veces no sabés por qué pelean. Y los celos son un problema también. Pero el poder también muestra a la gente tal cual es.

Insistió sobre el tema. Hablamos de Lacalle. Le contamos que una vez nos dijo que hay dos clases de políticos: los herbívoros y los carnívoros. Lacalle dice que los que llegan a los lugares más importantes son los carnívoros y que los herbívoros quedan por el camino. "Es muy inteligente, Lacalle. Es una definición muy acertada", nos dijo Mujica. "Está claro que me gusta la carne, ¿no?", sonrió con un gesto pícaro, de esos típicos de él.

Tomó su abrigo, apuró el resto del vino que había en su copa y se acercó a la puerta. Después de saludarnos, dijo:

—Che, qué presidente de mierda que tienen.

—No parece ser lo que piensa la mayoría de la gente. Ni acá ni afuera.

—Ta bien. Pero no soy un señor presidente.

—Sos presidente. Ni mejor ni peor, distinto.

—La verdad que a veces me rompe los huevos ser presidente.

—Demasiado tarde, ¿no? Vos solito te metiste en el baile.

—*Sí, es cierto. Soy contradictorio pero la vida es contradictoria. Lo que sí es seguro es que en todo lo que hago soy apasionado. Eso es una cuestión de temperamento. Pobre del que venga después de mí.*

5

El anarco

Una pista de aterrizaje en el pasto en el centro de Mongolia. Un avión de hélice que desciende y golpea sus ruedas contra el verde, sacudiendo apenas a los pocos pasajeros a bordo. Un muchacho de algo más de 20 años que mira el paisaje desolado por la ventanilla. Un recuerdo reciente que se apodera de su mente otra vez, hasta terminar de derrumbar lo poco que queda de aquella ilusión.

El comunismo no es el camino. Esa frase a principios de los 60, meses después de la revolución cubana, le generaba cierta molestia. Sin embargo, no podía dejar de repetirla en silencio. Había visitado Moscú y sufrido el lujo de la miseria. Cuando en uno de los principales hoteles de esa ciudad se enfrentó a la ostentación del Imperio prusiano, entre alfombras persas, escaleras de mármol y candelabros de oro, entendió que aquello estaba destinado a fracasar.

El joven consternado era Mujica, en un viaje a la Unión Soviética y China como representante de la juventud del Partido Nacional uruguayo. Era blanco por aquellos años. Dice que lo sigue siendo desde la ideología, pero entonces era dirigente y trabajaba en la secretaría del ministro de Industria, Enrique Erro. Recibió una invitación a los dos principales países comunistas de la época y no lo dudó ni un instante. Había algo que le generaba curiosidad.

El traslado fue una odisea. "Parecía como los viajes en las diligencias a caballo", recuerda hoy. Voló de Montevideo a San Pablo, de San Pablo a Río de Janeiro, de Río de Janeiro a Belén, de Belén a Madrid, de Madrid a Viena y de allí a Moscú, donde estuvo cerca de un mes. Después volvió a subir a un avión para ir de Moscú a Pekín, con una escala en Mongolia.

En Moscú visitó a varios integrantes del gobierno soviético de aquella época, encabezado por Nikita Kruschev. En China conoció a Mao Tse Tung, ya en su vejez. Mao recibió a la delegación sudamericana en una vieja cabaña rodeada por un inmenso parque. Apenas hablaron. Se sacaron una foto y poco más. A Mujica le impresionó la cantidad de libros que tenía por todos lados. Años después, leyendo las memorias de Henry Kissinger, Mujica se daría cuenta de que fue allí, en esa misma casa, donde se negoció el reinicio de las relaciones bilaterales entre Estados Unidos y la China comunista.

Pero lo más significativo de ese viaje fue la decepción con Moscú. Sus ideas ya eran de izquierda y, con la experiencia reciente de Cuba, había empezado a sentir cierta simpatía por el comunismo. La visita a la Unión Soviética fue como una patada en el hígado.

Pensaba llegar al país de Lenin pero comprendió que el personaje que mejor representaba a los rusos era Iván el Terrible, el primer zar y monarca que gobernó por más tiempo ese Imperio, en la segunda mitad del siglo XVI. Fue radical, perverso y violento. A través de ese personaje, Mujica vio a los rusos. Un país de extremistas, en el que tenía más cabida la mafia que una sociedad sin clases.

Actualmente ubica ese momento como el derrumbe del comunismo en su cabeza. Hoy en día cree que lo más significativo que le enseñó la vida "es la importancia de los matices porque el blanco y el negro no sirven para nada". La sabiduría para él reside, al presente, en el "liberalismo en serio", en aceptar al que piensa diferente. En Moscú no había nada de eso. La disidencia terminaba, con suerte, en Siberia.

Lo que sintió en aquella oportunidad fue asco por los fanatismos. Fue consciente de que una única teoría no es suficiente para interpretar la realidad. Volvió a Uruguay y empezó a leer desenfrenadamente. Se fue del Partido Nacional, se hizo tupamaro y guerrillero, pero lejos de la influencia soviética. Mezcló ideologías, no se quedó solo con una. Aquella travesía asiática de la juventud le enseñó lo que no había que hacer y por eso la recuerda con cariño.

Fui a la Unión Soviética cuando la gente del partido vivía de gran lujo. En ese momento ya se veía que iba a ganar la democracia, aunque los comunistas no lo podían ver. Tal vez yo, más libre, vi lo que ellos no podían. Entrabas a las fábricas y veías la cara de tristeza que tenían los obreros, pero ni ellos se daban cuenta. El problema es que la idea del socialismo no puede estar a las patadas con la libertad. El liberalismo promete lo que no da, pero como filosofía es un escalón superior de la humanidad. Algo que intente mejorar al hombre no puede tirar eso para atrás, tiene que ser a partir de la libertad. Nunca lo entendieron en el bloque socialista y así les fue.

La lectura se hizo pasión en el joven de aquellos años. De todo lo que leía extraía ideas y así iba armando su propio cóctel. Los anarquistas fueron sobre los que más se recostó.

La que respeta en serio la libertad es la anarquía. Por eso, de todas las ideologías, es la que más me interesa. Pero la libertad humana no quiere decir la ausencia de responsabilidad ni la ausencia de límites. El límite es no joder al otro. Y si vos te rompés el alma sin explotar al otro y conseguís más cosas, te tengo que aplaudir. No se puede pensar en un igualitarismo a ultranza. Eso no existe. Igualar para abajo es una boludez y no termina en nada bueno. Capaz que es lo más injusto.

También aquella fue una época de autores clásicos. Mujica se sumergió en los griegos, también en Confucio y en Nicolás Maquiavelo. Pasaba más de seis horas por día leyendo. Alternaba mañanas y tardes enteras entre la Biblioteca Nacional y la Facultad de Humanidades de Montevideo. Iba sumando a su archivo y alejándose cada vez más de la izquierda mayoritaria.

Un autor le llamó especialmente la atención: Carl von Clausewitz y su obra *De la guerra*. Lo sacudió. Es de los pocos libros de aquella época que todavía conserva en su casa. "Es uno de los tipos de los que más aprendí de política", recuerda hoy. "Era un general joven que peleó contra Napoleón y es el padre de la escuela prusiana. Es como el Marx de la guerra. Él es el de la definición clásica de que la guerra es la continuación de la política por otros medios. Es cierto: la guerra tiene objetivos políticos".

Primero vino la guerra en la teoría y después llegó el Bebe Sendic. Y los tupamaros, y la clandestinidad, y la política por otros medios en los hechos. Mujica aprendió mucho del Bebe, también desde el punto de vista ideológico. Fue él quien le recomendó a Rosa Luxemburgo. Sendic la tenía como referente e hizo publicar su obra en Uruguay. Rosa Luxemburgo, la *oveja negra* de los comunistas. La mujer, la irreverente, la discutidora. Hasta hoy Mujica sigue repasando sus libros, digiriendo sus ideas, dándole la razón con la Historia.

Esa mujer era bruja. Defendía a la democracia. Se peleaba con la socialdemocracia y con Lenin. Es una cuestión de principios, de la lucha por la libertad para un desarrollo intelectual, decía. Yo creo en eso. Parece que la tipa estaba viendo lo que iba a pasar después. Trotski allá por el año 1936 o 37 dijo que Rosa tenía razón. Y el Bebe se tuvo que pelear con el Partido Socialista para publicarla. No querían saber de nada.

Fue Sendic el primero que en aquella época dijo que el bloque socialista se iba a caer a pedazos. Se lo decía en la cara a los dirigentes comunistas rusos, a los europeos, a los cubanos. Cuarenta años después Mujica se lo repite a otros. Todo eso lo aprendió de Sendic.

Un paisano muy inteligente, de lenguaje sencillo. Sin embargo, un intelectual riguroso. Había estado en Europa y se carteaba con gente de primera línea de los comunistas. Lo pronosticó contra todos. Los cubanos no se lo perdonaron nunca porque se lo dijo allá también. Tiraba un bochazo de esos, pero no te fundamentaba mucho por qué.

Mujica llegó a la Presidencia lejos del discurso de los socialistas del siglo XXI, encabezados por Chávez, y de los comunistas del siglo XX. Sentía aprecio por ellos, pero no comulgaba en la práctica. Cuba era como una "vieja novia" de la adolescencia, a la que veía desmejorada con los años. Tenía un poco de lástima por aquel modelo para toda una generación. Aunque siempre destacó la dignidad de la isla caribeña, no tiene miedo de hablar de su fracaso. Viajó dos veces a Cuba siendo presidente y hasta ayudó a buscar una salida a la crisis económica por la que atravesaba. En una de sus visitas, sentado en La Bodeguita del Medio, en pleno centro de La Habana, les dijo a jerarcas del gobierno que el problema es que en Cuba "todos tienen empleo" y que por eso nadie arriesga nada. "Por más mierda que sea el capitalismo, es el que ayuda a crecer", argumentó entre mojitos. Intentó convencerlos de que fueran hacia algo distinto porque nunca creyó en el modelo cubano.

Menos todavía en el de Venezuela. De Chávez valora que sacó a muchos venezolanos de la pobreza. Pero para Mujica eso no es el socialismo. Ni parecido. "Es la forma más larga de terminar en el capitalismo", le decía a su amigo Hugo, que respondía riendo. "Esto es creer o reventar", le contestaba Chávez. Mujica no creyó, Chávez murió a los pocos años y Venezuela sigue su dudoso experimento.

Poca cosa hubo en Uruguay de esa corriente continental izquierdista. Mujica recurrió mucho más a lo que habían hecho sus antecesores en el siglo XX. Además de Rosa Luxemburgo y de Winston Churchill y de tantos otros a nivel internacional, exprimió a los caudillos históricos locales, como Luis Alberto de Herrera o José Batlle y Ordóñez. De todos ellos tomó herramientas para administrar mejor el Estado, aunque sin dejar de reivindicar el anarquismo.

—Y dale con el anarquismo. Está bravo ser anarquista y jefe de Estado al mismo tiempo, ¿no? No se entiende mucho.

—*Es una cuestión de momento, de tiempo histórico. Yo soy un anarquista crónico. La mejor reforma del Estado es abolirlo. El problema está en la humanidad en la que me tocó vivir, que no me deja vivir sin Estado. Es la expresión de nuestras carencias, aunque el 90% de la historia de la humanidad fue sin Estado. El Estado es la demostración de la existencia de clases en la sociedad. Aparece cuando aparece el dominio de unos sobre otros. El gobierno asume y está constituido cuando nombró al Ministerio de Defensa, del Interior y al canciller. Lo primero es garrote. No es el ministro de Economía ni de Educación.*

—¿Te ganó el garrote entonces?

—*Sí. Pero las repúblicas anarquistas murieron abajo de los tanques, no murieron apolilladas como las soviéticas. Por eso todavía se mantienen encendidas.*

Detrás del sillón de Mujica, en su despacho del piso 11 de la Torre Ejecutiva, llama la atención una foto de 50 por 50 centímetros, enmarcada en un portarretrato negro de madera. Es la imagen de un expresidente, la única en su oficina y no es de su partido. El retrato que cubre sus espaldas es el de José Batlle y Ordóñez, el principal caudillo histórico del Partido Colorado.

Batlle y Ordoñez fue presidente a principios del siglo XX en dos oportunidades (1903-1907 y 1911-1915) y desde allí impulsó al Uruguay moderno. Fue el encargado de separar la Iglesia del Estado, de promover leyes sociales como las ocho horas diarias de trabajo y de encabezar una serie de reformas liberales, de las que Mujica se siente orgulloso.

La mención a Batlle se hacía frecuente cuando Mujica intentaba explicar cuestiones centrales de su administración. Durante todo el siglo XX, el *batllismo* heredado de don Pepe fue absorbido por el Partido Colorado, que gobernó noventa de esos cien años. Pero en el siglo XXI fue el Frente Amplio el que tomó muchas de esas banderas. Y Mujica especialmente.

> *El tipo hizo de todo porque era muy audaz. Hay que ver lo que escribía y decía. Hay que escribir dios con minúscula en ese momento. Don Pepe fue el padre del Uruguay más lindo, del Uruguay moderno. Era más loco que yo. Batlle era bastante anarco, se rodeaba de anarcos. Encima era presidente de la República juntado con una mujer que estaba separada. ¡La lucha que debe haber tenido! Pero bancó e impuso. "De pie, ha muerto Lenin", escribió. ¡Qué coraje cívico, la puta madre! Ni loco se lo voy a dejar solo a los colorados. Los hombres grandes no son propiedad*

de los partidos, son patrimonio nacional, son capital del país.

Una casualidad de la Historia: el período que estuvo Mujica al frente del Poder Ejecutivo fue 100 años después de la segunda Presidencia de Batlle y Ordóñez. Una casualidad que tuvo sus consecuencias en la práctica. A partir de 2012, Mujica fue invitado al menos una vez por mes a las celebraciones de centenarios de escuelas, liceos, universidades y edificios públicos de todo tipo. La repetición le llamó la atención. En una de esas celebraciones, en una pequeña escuela del interior uruguayo, recibió un libro antiguo para firmar. Era el acta de inauguración de ese centro de enseñanza, con la firma de Batlle y Ordóñez. "Ahí me di cuenta de la magnitud de la obra de Batlle. Después de ese, fui como a veinte centenarios más".

Mujica cree que Batlle y Ordóñez interpretó de la mejor manera al Uruguay de su época. Constató que la burguesía uruguaya era muy débil y por eso impulsó al Estado como motor de la economía y recibió de brazos abiertos a los inmigrantes. Después, a mediados del siglo XX, apareció el "segundo batllismo" a través de su sobrino Luis Batlle Berres, y ahí "todo terminó en un clientelismo y una burocracia que *¡mamma mía!*". Pero no se puede acusar al padre de lo hecho por sus hijos y mucho menos por sus sobrinos.

También admira a Batlle y Ordóñez como figura simbólica. Reivindica como mérito suyo la *Suiza de Amé-*

rica que fue Uruguay en los años 50. Del batllismo, por las ideas, y de los inmigrantes, por el impulso al trabajo y a construir. Los edificios públicos tenían que ser los mejores para Batlle. Así nació en Montevideo el Palacio Legislativo, las Facultades de Veterinaria y Agronomía y después el Hospital de Clínicas y el Estadio Centenario. El ejemplo generó la acción.

En lo social, el Pepe actual se siente pariente del Pepe del pasado. Su gobierno quedará en la Historia por ser el que despenalizó el aborto, habilitó el matrimonio entre homosexuales y regularizó la venta de marihuana a través del Estado. Todas esas son reformas liberales y Mujica no duda en compararlas con las de Batlle y Ordóñez a principios de siglo.

> *Acá hubo un liberalismo batllista que marcó al país. Objetivamente fue el modelo. Lo hizo en una circunstancia histórica y política que era posible y lo ayudó la inmigración y la situación económica. Pero mostró el camino. Nosotros también estamos haciendo reformas liberales de ese tipo. El liberalismo y el anarquismo son primos hermanos. Ahora nos parecemos a lo que históricamente fuimos: un país de vanguardia. Eso era lo que pasaba en la época de Batlle. Las mujeres empezaron a votar, se autorizó el divorcio, el Estado empezó a producir alcohol, la enseñanza se autorizó para las mujeres. Hasta se instrumentó la legalización de la prostitución.*

Mujica elige a Batlle y Ordóñez en el Partido Colorado y en el Partido Nacional a Luis Alberto de Herrera[12]: los dos referentes de los partidos tradicionales uruguayos en la primera mitad del siglo pasado, muy distintos pero caudillos. También de Herrera adoptó características que le han sido muy útiles.

De joven, en la revolución de 1904, Herrera enfrentó con las armas al gobierno de Batlle y Ordóñez. Se sumó a los revolucionarios blancos al mando de Aparicio Saravia[13]. Su formación fue en un país dividido por la guerra. Años más tarde lideró al Partido Nacional con un estilo muy particular y llegó a ser presidente del Consejo de Gobierno, cuando la Presidencia la ejercía un colegiado. Marcó a toda una generación política.

Dos cosas aprendió Mujica de Herrera y las aplica hasta el día de hoy. La primera es sobre las relaciones internacionales que debe tener Uruguay. Herrera siempre defendió la idea de tener los mejores vínculos con Sudamérica y se opuso a un excesivo acercamiento con Estados Unidos.

---

12. Luis Alberto de Herrera nació en 1873 y murió en 1959, con 85 años. Fue el principal líder del Partido Nacional durante cincuenta años y llegó a integrar, en sus últimos años de vida, el Consejo Nacional de Gobierno de Uruguay.

13. Aparicio Saravia fue el caudillo del Partido Nacional de fines del siglo XIX y principios del siglo XX. Encabezó una revolución contra el gobierno del Partido Colorado y murió en 1904, luego de una batalla en Masoller, departamento de Rivera.

Soy profundamente herrerista con respecto a las relaciones internacionales. Herrera lo primero que defendía era el Río de la Plata y tenía razón. Por eso hay que arreglar con Argentina. La guita inmobiliaria, el Uruguay logístico, la clase media argentina en Colonia, todo eso viene de ahí. ¡Vamos a dejarnos de joder! Ya lo advertía Herrera. Era un viejo conservador, pero en materia de política internacional la tenía muy clara. No tenemos una base norteamericana acá gracias a él. Los colorados estaban para arreglar.

La segunda enseñanza que dejó Herrera a Mujica es la importancia de recorrer en forma constante el interior del país y conocer a caudillos locales de todos los rincones. Herrera siempre apostó al Uruguay profundo, donde el Partido Nacional es mayoría. Y lo hizo con mucho pragmatismo y oficio político.

Mujica también siente cariño por el interior uruguayo y, poco a poco, lo fue conquistando con su discurso hasta lograr por primera vez, en las elecciones de 2014, una mayoría de votos en algunos pueblos de pocos habitantes. Los intendentes de los distintos departamentos, especialmente los del Partido Nacional, mantenían un diálogo fluido con él cuando era presidente y le mostraban su lealtad de distintas formas. Así se acordó la patente única de vehículos en todo el territorio nacional y el impuesto a las grandes extensiones de tierra. Es más: jefes comunales blancos se llegaron a comunicar con Mujica para saber cómo responder ante exigencias de los líderes partidarios que les reclamaban una actitud más opositora. Él se reunía a escondidas con los intendentes. Eso también era típico de Herrera: la negociación por debajo de la mesa, el contacto personal por encima de la institucionalidad.

Mujica participó, además, en homenajes a los caudillos del Partido Nacional más recientes, como los realizados a Wilson Ferrerira Aldunate. Wilson fue un ícono en la lucha de los uruguayos contra la dictadura militar de los 70, se embanderó con esa causa, pero no solo por eso Mujica lo reivindica.

> *¡No me jodan con Wilson únicamente blanco! Es mucho más que eso: es de todos los uruguayos. Las batallas las perdió todas, pero la Historia demostró que tenía razón. Cuando nosotros éramos clandestinos y estábamos en plena guerrilla negociábamos con él. Siempre se movió con mucho sentido pragmático. Era un tipo audaz, no era un mequetrefe.*

"Pragmático" es un concepto repetido por Mujica. Pragmatismo, matices, ideologías tan distintas como el batllismo y el herrerismo, todo eso le gusta. La realidad, en definitiva. En ese punto también se parece a Herrera, según el historiador Gerardo Caetano. Unos meses después de que Mujica asumiera como presidente, Caetano lo definió como herrerista en un programa de Radio Oriental de Montevideo.

"Además de muchas cosas es muy herrerista, siempre lo ha sido. Él no nació a la vida política en el herrerismo pero su estilo de hacer política es netamente herrerista. Lo viene profundizando con el tiempo", opinó Caetano.

¿Qué es hacer "política herrerista" para ese prestigioso historiador uruguayo? "El herrerismo es pragmatismo. Eso Herrera lo decía hasta el cansancio y Mujica es un pragmático. Pero además el estilo de hacer la política herrerista es un estilo táctico, no estratégico. Es como esos jugadores que hacen una moña para acá y otra moña para allá. Es decir, van construyendo un rumbo desde la táctica. Y la estrategia es la suma de tácticas con una gran propensión a negociar. Mujica cree que la política es así, al igual que Herrera. Incluso a Herrera siempre se lo cuestionaba por eso, como a Mujica. Le decían el Gusano Loco porque iba para un lado y para otro".

Lacalle, nieto de Herrera, también cree que Mujica tiene rasgos herreristas. Nunca le tuvo simpatía, pero como político lo respeta y más después de haber perdido con él las elecciones.

En 2009, durante una entrevista en radio El Espectador, Lacalle confesó: "El senador Mujica es un hombre muy inteligente, muy vivo —porque a veces no se es inteligente y vivo al mismo tiempo—, y además ha leído mucho, tiene un sustrato intelectual en lo que dice, aunque lo viste hábilmente de una jerga popular, cosa que es una gran habilidad desde el punto de vista político.

Lo hacía el doctor Herrera: cuando quería simplificar un tema político ponía una comparación criolla—. Pero los dogmáticos (del Frente Amplio) no le van a dar mucha piola". Es el atractivo de la *oveja negra*.

"Hay que leer la Historia", repite Mujica. La reciente y la más lejana. Para eso recurre a biografías, investiga acerca de los hombres que quedaron en el bronce. De la región y del mundo. Las memorias de Trotski y de Churchill son una cita frecuente en sus reflexiones. El agua y el aceite, como a él le gusta.

También se ha dedicado a estudiar lo realizado por caudillos de Uruguay y Argentina durante el siglo XIX, el de la independencia latinoamericana. De todos extrae elementos porque cree que es poco lo que queda por inventar. Cambian los nombres y las circunstancias, pero las disyuntivas son las mismas y las decisiones se repiten.

Sobre la Historia uruguaya, Mujica está convencido de la importancia del Río de la Plata y las provincias unidas, en oposición a Buenos Aires. Es José Artigas su principal referente de la primera mitad del siglo XIX. El Artigas que quería el territorio que hoy forma Uruguay unido a las provincias centrales de Argentina y parte de Bolivia. El que peleó contra la hegemonía de Buenos Aires. El que empezó como contrabandista y terminó liderando un movimiento libertario. El que quería dar tierras a los indígenas y a los pobres. También ha leído sobre Juan Antonio Lavalleja o Fructuoso Rivera, pero el líder que más le interesa es Artigas. Artigas y la guerra de puertos que originó todo. Buenos Aires y Montevideo como los principales destinos del Río de la Plata. Esos son para Mujica el origen y la explicación de la rivalidad que existe hasta hoy.

De los argentinos, su personaje histórico favorito es Juan Manuel de Rosas. Lo respeta por federal, por formador de la nacionalidad argentina, por promotor de la mezcla de razas y de la integración, por distinto.

> *Juan Manuel de Rosas, que sabía mucho de política, estaba en el desierto y le escribe a su mujer, doña Encarnación, y le dice que no se olvide de atender a las mulatas y a las negras en sus necesidades. "Ayúdalas y socórrelas en todo lo que puedas porque ya verás de cuánto es capaz la fidelidad de los humildes", le dice. Esa es la esencia del peronismo que vino después. Perón lo estudió todito a Rosas y construyó su poder ayudando a los cabecitas negras. Era un gran vivo Perón, pero Rosas fue el tipo que marcó el camino, un hacendado ganadero del Río de la Plata que se puso a plantar trigo porque quería tener mucha gente en la estancia y no lo podía lograr con la ganadería. Con eso llegó a tener mil y pico de personas y formó un escuadrón, que era su tropa personal. Ahí empieza su carrera política. Tenía un reglamento en la estancia: el que fallaba sufría sanciones fuertes y hasta azotes. Para mí Rosas fue el forjador de la nacionalidad argentina. Sin Rosas, Ar-*

gentina iba a terminar en cinco, seis o siete países. Él logró mantener el equilibrio.

Hay muchos personajes de esos en la historia como para aprender. Rosas era federal, pero federal de Buenos Aires, y al final también defendía el monopolio del puerto de Buenos Aires. Artigas era argentino pero del otro lado del Río de la Plata. La primera declaratoria de independencia de Uruguay decía: "Orientales argentinos". Artigas es tan uruguayo como argentino. Esa es la verdad.

Con respecto a los tiempos más lejanos, Mujica repara en los pensadores griegos. Los prefiere de la misma forma que admira a la ciencia en general y a la filosofía y a la antropología en particular. Los elige por haber sido integrantes del pueblo que mejor recurrió al hombre como objeto de estudio. Eso es lo que atrae a Mujica. El hombre y la naturaleza. Ahí está lo más parecido a la religión para este viejo ateo y anarco.

Los hombres que piensan en forma independiente son los libres y los que imaginan más allá de los pensamientos son los que construyen el futuro. Esa y otras premisas ha aprendido Mujica leyendo a los griegos pero también a los grandes hombres del Renacimiento italiano y a los científicos de vanguardia de todos los tiempos.

El humanismo más profundo viene por el camino de la ciencia. En última instancia la filosofía es herma-

na de las matemáticas y sin filosofía y sin ciencia no hay humanidad. Cuando era joven no le daba mucha pelota a las matemáticas pero me encantaban la biología y la filosofía. Hace unos años me puse a estudiar geometría y es una cosa increíble. Lo otro es la estadística. Me tuve que poner a aprender de vuelta hace pocos años porque si no se te pasan cosas y no entendés un carajo. Me arrepiento de no haberles dado pelota de joven a las matemáticas. El problema es que hay cada chorizo que la enseña y eso no ayuda un carajo. Matemática es volver a lo antiguo y ahí está la fuente de la sabiduría. ¿Cuántos matemáticos han hecho descubrimientos en el pizarrón que después pasaron cuarenta años para comprobarlos?

Descubrimientos es algo con lo que Mujica coqueteó toda su vida. Intentó e intenta en sus ratos de ocio intelectual llegar a ciertas certezas. Esa es una característica de las personas inteligentes: buscar respuestas. La otra, asociada, es la frustración y la angustia. Mujica vive con angustia. Pero trata de canalizarla mediante la búsqueda de conocimiento. Las etapas más fructíferas al respecto fueron durante su encierro, porque allí sobraba el tiempo.

—Alguna vez me pregunté, leyendo en los calabozos, qué es el hombre. Ahí sí que tenía tiempo para pensar en todas estas cosas. Si te definís como socialista desde el punto de vista científico como yo, entonces ¿qué carajo es el hombre?

Esta pregunta clave me la hice cuando estaba en el cuartel de Paso de los Toros. ¿Cuáles son los componentes del disco duro del hombre? ¿Y qué recibimos como influencia de la cultura y del medio ambiente? A partir de ahí vino mi afición a la antropología. Ahí me acordé de Renzo Pi, de Daniel Vidart y de todos esos amigos y los fui a ver cuando salí de la cana.

—Por más antropólogo que seas, no parece haber una respuesta única para eso.

—Después de mucha lectura y charla llegué a alguna conclusión. El hombre es un animal gregario, social. Vive en sociedad. No puede vivir en soledad. El 90% de la historia del hombre arriba de la tierra es en grupos. Desde ese punto de vista, se puede concluir que es un animal socialista.

—Muy utópico y poco realista, teniendo en cuenta lo que pasa hoy.

—Ta bien. Pero la historia reciente es apenas una página. Lo más difícil es que el hombre sea jefe de sí mismo, pero se puede lograr. En la campaña electoral hablé de los Kun Sang, un pueblo indígena africano sin propiedad privada y que trabaja pocas horas por día. Me dijeron de todo pero estaba hablando de esto. Recurriendo a un ejemplo extremo les quería mostrar que el hombre puede vivir de otra forma.

—Los Kung Sang viven aislados en la mitad de África. También hay comunidades perdidas de budistas, vegetarianos, *hippies* y hasta de amigos de los platos voladores...

—La historia del hombre es más larga que lo que pasa hoy. ¿Qué es lo que lo hizo individualista y capitalista? Lo

que vino después, en los últimos siglos. Los avances tecnológicos, el conocer más, el querer colonizar. Por eso el hombre es una criatura que vive en cierta contradicción. La historia lo hizo de una manera y su presente es otro. Es socialista por naturaleza y egoísta y ambicioso por su tiempo. Esa es la angustia del hombre moderno.

—¿Y de quién es la culpa? ¿No es del hombre acaso? ¿No será parte de la evolución natural todo eso?

—El hombre vivió con valores distintos y sobre la base de otra organización durante el 90% de su historia. Realmente creo que es esencialmente gregario y socializante, pero quitándole a eso la poesía. El socialismo no es una panacea. Es un camino para procurar ser mejores a conciencia. No es el fin de los problemas ni el equivalente al paraíso, sirve para tratar de mejorar. Yo soy socialista pero no veo construible al socialismo en un país pobre y poco educado. No por ricos e instruidos iremos al socialismo, pero esas son las condiciones básicas porque el hombre ya nace con algo de eso en el disco duro. Es el desarrollo histórico de la civilización el que lo hizo capitalista.

Genera dudas ese planteo tan idealista del hombre. Mujica también las tiene y las reconoce. Da la sensación de que quisiera creer esto y justificarlo pero que la realidad lo trae bastante golpeado. Lo que sí es seguro para él es que el hombre necesita de la autoridad, ya sea ejercida por él mismo o representada por otro, pero la civilización que sobrevivió es la paternalista. No es el mejor escenario, está muy lejos de los Kung Sang, pero es el real. Alguien tiene que mandar. Y para mandar hay que estar convencido. El que no está convencido tiene un problema serio y no termina en nada bueno. "Cuando no estás convencido te tenés que ir y chau. No podés guiar a nadie si tenés dudas y por eso hay que pensar mucho en lo que cada uno cree".

De convencimientos, historias y autoridades, Mujica admira a dos instituciones: el Ejército y la Iglesia católica. No porque comparta sus valores ya que, de hecho, está muy lejos de los católicos y también de la disciplina militar. Lo que le llama la atención es cómo han sobrevivido por milenios y siguen tan vigentes hasta el día de hoy.

La Iglesia católica tiene una organización piramidal bastante perfecta para Mujica. Las tradiciones se arrastran desde hace 2000 años y se continúan respetando y manteniendo. Posee redes en todas partes del mundo y es el partido político más antiguo y con más seguidores de la Historia. Así lo entiende Mujica y le interesa todo lo que hay detrás de la elección de las autoridades eclesiásticas, el poder judicial paralelo que las juzga y toda esa estructura montada con base en convenciones arbitrarias que pueden sobrevivir incluso a un cataclismo nuclear.

Del Ejército el gusto viene por otro lado. Cree que es allí donde se expresa la máxima autoridad y el origen de la civilización moderna. Por eso Mujica respeta a los militares. Mujica y todos los tupamaros. Y los militares los respetan a ellos, porque creen tener códigos compartidos. Su amigo, el Ñato Fernández Huidobro, fue ministro de Defensa durante su gobierno. "Mi general", le decían muchos oficiales, que lo consideraban como el mejor ministro de los últimos treinta años. Muy irónico si se tiene en cuenta que en los 60 y 70 estaban en bandos enfrentados. Pero a veces eso es lo que deja la guerra.

> *Todos los ejercicios esos que hacen los milicos y que son al pedo son para que los tipos queden automatizados y respondan a la orden. Cuando viene la guerra no pueden disparar cada cual para su lado y tienen que reaccionar en bloque en forma perfecta. Las cosas que más te impresionan de las civilizaciones del pasado son los ejércitos. ¿Cómo se hizo el Imperio inca o el romano o el chino? El Ejército está hasta antes que el Estado. ¡No me vengas a decir que no tienen nada que ver con la historia de la humanidad porque el Estado existe por la represión y para la represión siempre estuvo la Policía y el Ejército! Ese es el origen. Si no estudiás Historia, no entendés nada.*

Hasta el día de hoy, Mujica recuerda a sus grandes profesores cuando era estudiante. Mucho les debe de su pensamiento más profundo, ese que se construye en los primeros años de vida. Y destaca especialmente que le enseñaron cómo aprender a aprender e intentar adquirir de cada cosa lo más valioso. Lo transformaron en una esponja.

El escritor uruguayo Francisco *Paco* Espínola fue uno de los maestros que más recuerda. Fue su profesor cuando él era adolescente y destinó un año entero de sus cursos a Homero y a *Don Quijote de la Mancha* de Miguel de Cervantes. Iba para adelante y para atrás, una y otra vez, con los textos de ambos autores. Todo lo que aprendieron sus alumnos en un año lo aprendieron de esos dos ilustres escritores. También tuvo como profesor a José Bergamín, un refugiado de la Guerra Civil Española y "uno de los hombres más finos" que conoció en su vida. El historiador Carlos Real de Azúa fue otro de los que dejó su sello en los años de aprendizaje de Mujica.

Pero lo que más destaca como enseñanza de sus primeros años es el Uruguay de inmigrantes en el que creció. Nada mejor que los entreveros para Mujica, y cuando son culturales, más disfrutable todavía. A principios del siglo XX, Uruguay recibió miles de inmigrantes europeos, especialmente españoles e italianos, que huían de las guerras y de la pobreza. "Aquellos gallegos y tanos eran un despelote", recuerda Mujica. "Fueron ellos los que laburaron para construir lo que somos hoy. Mi familia, al igual que la de la mayoría de los uruguayos, era así".

Lo que queda luego de una inmigración masiva es, según Mujica, todo beneficio. Nada bueno se consigue si no se puede ver lo diferente y convivir con eso. Lo central es la tolerancia al que es, piensa o se expresa distinto.

> *La mezcla de gente es lo mejor que hay. La pureza racial es una mierda. Brasil es el mejor ejemplo. Tienen de todo. Negros rubios y de ojos claros, cualquier cosa. Y tienen unas ganas de vivir que no se puede creer. Es un ejemplo de mestizaje brutal.*

No solo la pureza racial fastidia a Mujica. También la ideológica. A Marx lo ve como un "genio" y dice que su interpretación de la Historia es lo más aproximado a la realidad, pese a su rechazo al comunismo. "Lo que hicieron después con él es una grosería, porque Marx habló desde la lectura histórica y social y nunca pensó que eso iba a servir de justificación para que hicieran cualquier cosa".

La teoría sirve como insumo pero no como verdad absoluta. Nada más lejos de Mujica que la combinación de esas dos palabras. Nada que sea absoluto lo entusiasma. Ni siquiera la muerte.

6

El ejemplo

La noche era fría y ventosa, de esas que duelen en la cara. Mediaba 2014, ya quedaba poco de Mujica como presidente y su fama internacional atravesaba por uno de los mejores momentos. Cuatro meses después se elegiría al ganador del Premio Nobel de la Paz y él era uno de los candidatos. Perfil bajo, le recomendaron sus consejeros más cercanos, pero él no escuchó. "Nos vamos al aeropuerto", ordenó a su chofer. "Ahora mismo". No preguntó ni siquiera si la hora era la correcta.

Cuando llegó al Aeropuerto Internacional de Carrasco a las ocho de la noche del jueves 26 de junio, esperó unos minutos y le avisaron que el futbolista Luis Suárez todavía no había iniciado su retorno desde Natal, en Brasil. La FIFA lo había suspendido por nueve partidos oficiales con la selección uruguaya y cuatro meses en cualquier actividad futbolística, incluso pisar un estadio. Como si fuera poco, lo había obligado a retirarse del hotel en el que estaba alojado con sus compañeros de la selección. Casi como a un delincuente. El motivo:

la mordida a un jugador italiano durante un partido de la Copa del Mundo. Todos los uruguayos estaban indignados con la severa sanción, pero en el exterior el que generaba indignación era Suárez.

Poco le importó a Mujica lo que se dijera en el mundo. Decidió recibir al futbolista como si fuera una víctima o un héroe, apenas pisara suelo uruguayo. No llegó esa noche. Aterrizó al amanecer, pero el presidente igual estaba allí para darle la bienvenida al costado del avión. Ante la demora, Mujica fue hasta su casa, durmió unas horas y volvió. Quería verlo, fuera como fuera. Le dio un fuerte abrazo de bienvenida, tímido pero sentido, y hasta lo invitó para que se fuera con él unos días a la estancia presidencial de Anchorena.

—Se lo agradezco mucho, presidente. No puedo creer que esté acá con este frío. No era necesario —le dijo Suárez con sorpresa.

Estaba acongojado y hablaba con la voz cortada.

—Quería darte energías para atravesar la tormenta, botija. Porque mirá que todas las tormentas pasan. Todas. Necesitás estar tranquilo —lo alentó Mujica.

Una semana después, cuando la selección uruguaya volvió de Brasil tras haber sido eliminada en octavos de final por Colombia, Mujica retornó al aeropuerto para otra bienvenida. El periodista Sergio Gorzy, que viajó en el mismo avión que los futbolistas, se encontró con la pareja presidencial al salir de la manga. Su cámara estaba encendida y preguntó al presidente su opinión sobre la FIFA. "Son una manga de viejos hijos de puta", respondió Mujica. No había registrado que lo estaban filmando. Se tapó la boca y sonrió con picardía, pero habilitó la difusión de lo que había dicho.

No pareció una decisión inteligente en ese año de apogeo internacional y hasta de posibilidad del Premio Nobel. La mayoría de los uruguayos pensaba como él y hasta compartía el insulto, pero para el mundo se desdibujaba el Mujica conciliador y pacífico. Por eso llegaron las recriminaciones de asesores y hasta la sugerencia de pedir disculpas. "No me entienden. Nunca voy a dejar a un botija como Suárez solo", fue su argumento al negarse al arrepentimiento.

No es por el fútbol. Esa pasión no explica el desliz de Mujica. Disfruta del juego pero no lo siente con tanta intensidad como la mayoría de sus compatriotas. Es capaz de mirar un partido y hacer algún comentario interesante sobre jugadas y goles, pero lo que más le importa es lo que no se ve en la cancha: la movilidad social que permite ese deporte. En eso Suárez es un ejemplo, y de los mejores.

Mujica sabe la historia de vida del centrodelantero y por eso lo defiende y justifica. Le gusta ver cómo personas que nacieron en la pobreza llegan a ser los mejores deportistas del mundo y se burlan de su pasado, sentir cómo a veces la calle se impone a las grandes universidades. Respeta a los que muestran un camino alternativo, por más que ese camino no sea del todo recto.

"Suárez es un gurí bárbaro, que se hizo de abajo. Lo conozco bien y tiene la picardía del pobrerío. Es un buen tipo", nos dijo en 2010, cuando hacía poco que había asumido como presidente y Uruguay había clasificado cuarto en el mundial de Sudáfrica. En esa oportunidad, Suárez evitó un gol en el último minuto del partido contra Ghana al atajar una pelota con su mano. Uruguay ganó luego en la ronda de penales y los africanos acusaron al delantero de antideportivo y lo compararon con el diablo. "No saben lo que dicen. Al hablar con él te das cuenta de sus buenos sentimientos. Lo que hubo ahí fue viveza pura", opinó en aquel momento Mujica.

La viveza, la ventajita y hasta la concepción de la cancha como un campo de batalla son características del fútbol. Eso también cuenta con la simpatía de Mujica, que lo interpreta como una singular manifestación del que creció sufriendo la exclusión. Los más vivos pueden llegar. Tienen como alternativa correr tras una pelota, ganar millones y conservar esa fortuna. A los vivos hay que respetarlos y aprender de ellos, dice Mujica. Por eso también se siente cerca del empresario de fútbol Francisco *Paco* Casal.

Casal es un personaje cuestionado para muchos uruguayos, sinónimo de los negocios millonarios y extraños que se levantan alrededor del fútbol. Empezó como un niño que se metía sin permiso en las canchas de barrio y terminó decidiendo qué jugadores debían ser titulares en un mundial. Representa casi todo lo relacionado con el fútbol en Uruguay: lo bueno y lo malo.

> *Es un personaje de película, un hijo del sistema, una mente torturada. Tiene el olfato de los gurises de la calle. Alcanzaba las pelotas durante los partidos en las canchas más humildes y un día entró a vender pelotas firmadas por Pelé, que firmaba él.*
>
> *Me junté solo algunas veces con Paco. Los abogados que lo defendían en sus líos con el Estado fueron los que hicieron el vínculo. Le tiene una bronca bárbara a la aristocracia y siente gusto por pisarle la cabeza. Tiene un sentimiento de clase fuerte, un resentimiento importante y banca pobrerío. Quiere aplastar a los que están arriba y alguna vez lo cagaron.*

Mujica lo conoce bien. Es cierto que no se reunió más de una decena de veces con él, pero siempre tuvieron afinidad. También Lucía le tiene mucho aprecio. "Lo quieren como a un hijo", decían dirigentes de fútbol en los años del gobierno, una afirmación que parece exagerada. Ni Mujica ni Lucía lo quieren como a un hijo, pero sí lo respetan y valoran.

Cuando hacía menos de un año que era presidente, Mujica viajó un fin de semana a Madrid a sugerencia de Casal. El objetivo era que conociera al entonces presidente del Real Madrid, Florentino Pérez, para ofrecerle negocios. Pérez es uno de los principales empresarios españoles en el rubro de la logística y energía y luego de la visita invirtió en molinos de viento en Uruguay.

"Es un tipo al que admiro mucho", nos dijo Casal sobre Mujica durante ese viaje, alojado en uno de los hoteles más caros de la capital española y vestido con más de USD 10.000 entre ropa y alhajas. Mujica quedó muy entusiasmado con el poder de Paco en Europa aunque no volvió a repetir la experiencia.

> *Tiene amigos pesados en serio. Es brutal. El presidente del Real Madrid, el del Milan. Es amigo de esos tipos. Quisiera tener un embajador de Uruguay así. ¡La puta! Tiene habilidad para hacer negocios y eso genera enemistades terribles. Yo viví el poder que él tiene afuera del país. Eso la gente no lo entiende. Acá genera un "estás conmigo o contra mí". Pero Paco es necesario. El capitalismo genera al intermediador. Si no era él, era otro. Es cierto que genera polémica pero no por eso le voy a cerrar la puerta.*

Casal estaba muy poco en Uruguay y hablaba en forma esporádica con Mujica en esos años, pero el vínculo entre ambos era evidente y generó críticas de todo tipo y más de un problema al oficialismo. Hay pocas fotos de ellos juntos y casi ninguna después del viaje a Madrid, aunque todos sabían acerca de los códigos compartidos. Había algo que gustaba a Mujica de ese ejemplo de nuevo rico, de empresario prepotente en el mundo del fútbol, de compadrito de barrio que defiende en las grandes ligas a los jugadores semianalfabetos.

A cualquier tipo que tenga éxito en Uruguay lo matan y a él no lo van a perdonar porque además viene de abajo. Pero ojo, que él tampoco perdona. Si lo llevás a prepo te mata, pero también es un tipo muy solidario con los que quiere y eso hay que valorarlo.

No es ningún angelito porque los angelitos en ese medio no llegan a nada, pero hay que juzgarlo en su contexto. El fútbol es, entre otras cosas, un gran negocio capitalista en el que también hay una corrupción importante.

Casal ayudó mucho a Uruguay en ese aspecto, cuando estaba en su apogeo como empresario. Es más: a Mujica le llegó la versión de que la selección uruguaya clasificó a los mundiales de 2002 y 2010 en parte gracias a Casal. En el primero utilizó sus influencias para procurar que Uruguay y Argentina empataran en el último partido de las eliminatorias. Argentina ya tenía un lugar en el mundial y Uruguay no podía perder. Resultado final: 0 a 0 y las dos selecciones clasificadas. También se dice que distrajo todo lo que pudo en Montevideo a la selección de Costa Rica, con la que Uruguay definió la clasificación a Sudáfrica, y que llegó a tener misteriosos diálogos con algunos jugadores centroamericanos.

Como presidente, Mujica tuvo que tomar ciertas decisiones que involucraban a Casal en forma directa y siempre optó por el camino menos traumático, sin perjudicar demasiado a su amigo empresario. Le otorgó un canal de televisión satelital, aunque luego de que presentara una de las mejores propuestas ante un llamado público a interesados. También le perdonó una deuda que mantenía con la Dirección General Impositiva del Estado, pero porque los abogados estatales habían cometido un error importante: la calcularon en 290 millones de dólares cuando en realidad no era de más de 10.

Mujica optó por no cobrarla, en acuerdo con Tabaré Vázquez, con el argumento de que estaba salvando al Estado de un juicio millonario de Casal por daños y perjuicios. Es probable que ese juicio llegara tarde o temprano, pero el presidente eligió resolver el tema fuera de los tribunales. Evitó la confrontación.

No era fácil la disyuntiva. Estaban esperando que arreglara con Paco para decir que estaba comprado. Pero Paco le podía hacer un agujero al Estado. Estaba en un problema complicado. Cualquier decisión que tomara era una cagada. Por eso pedí que me asesoraran y me recomendaron llegar a un acuerdo. Fue la forma de generar el daño menor. Los informes que recibí de la Fiscalía de Gobierno me mostraron la magnitud del error cometido y el costo que podía llegar a tener un juicio contra el Estado. Fue la Fiscalía la que sugirió el camino y Vázquez fue consultado.

Como agregado, Mujica mantuvo siempre abiertas las puertas de la Torre Ejecutiva para Gustavo Torena, el Pato Celeste, hombre visto como de confianza del empresario futbolístico. Torena no tenía contacto frecuente con el presidente, pero sí con su entorno. Eso generó cierto fastidio en una parte de la opinión pública uruguaya, que no le tiene simpatía. El Pato Celeste aparecía en fotos detrás de Mujica durante reuniones importantes y los uruguayos lo asociaban cada vez más a Casal.

Pero Torena tiene un vínculo muy menor con el empresario futbolístico y la definición que mejor le cabe para Mujica es la de un "buscavidas". Se hizo famoso con su sobrenombre de Pato Celeste luego de viajar con la selección uruguaya de fútbol e ingresar a distintas canchas en el mundo disfrazado de pato. Ese es su principal mérito, pero su incidencia en los negocios más importantes es menor.

Le han dado al pedo al pobre Pato. Se piensan que es el centro del universo y eso es un disparate. No es de confianza de Casal. Es un pobre loco que vive de pellizcar. Armaron toda una película con la incidencia del Pato en el gobierno y no se dan cuenta de que todo eso es una fábula inexistente.

De todas formas, Mujica sí intentó disminuir el poder de Paco pero no pudo porque nunca tuvo entrada en el mundo del fútbol. Procuró que se licitaran los derechos de televisación que manejaba en exclusividad Tenfield, la firma de Casal, y hasta evaluó la posibilidad de que la empresa estatal de telefonía pudiera participar en el negocio. Todo un cambio que nunca se concretó. No lo apoyaron ni los principales clubes de fútbol de Uruguay ni parte de su gobierno.

> *Nunca pude entender los problemas del fútbol. Es cierto que tengo simpatía por Casal, pero me hubiera gustado sacarle un poco del negocio. Lo que pasa es que te metés ahí en el medio y te das cuenta de que ni siendo presidente de la República podés cambiar mucha cosa. Es brutal la guita y el poder que maneja el fútbol.*

A Mujica no le interesa el dinero. No hay pose en esa actitud despojada, es auténtica. Gasta solo lo necesario y lo demás lo dona o lo ahorra para comprar material agrícola o tierras. Ni siquiera sabe lo que gana por mes. Pero tiene amigos que han hecho fortunas y a los que valora. Capitalistas en todo el sentido de la palabra. No los nuevos ricos vinculados al fútbol. Capitalistas con mayúscula. Burgueses uruguayos y extranjeros. A esos también los pone como ejemplo, aunque no por su dinero.

Hay estereotipos de lo que es el burgués. El burgués pide la suya y está para hacer más. Pero hay muchos que tienen códigos. Es cierto que hay otros que no, que son de lo peor, pero hay muchos que hay que escucharlos porque esa experiencia sirve.

Un discurso difícil de digerir para la interna de la izquierda y mucho más para algunos de los compañeros de Mujica, que mantienen una visión sesentista y contestataria de la burguesía.

—*Estoy muy distanciado de mi sector político en todo esto. Vivo en una gigantesca soledad y la siento en serio a veces.*

—Aquello de la oveja negra.

—*Sí, y de las más resistidas. Por algunas de mis cosas, soy odiado por la derecha e incomprendido por la izquierda. Ahora todos me hacen la venia porque soy presidente, pero mirá que hay muchos de mi partido que me odian.*

—Te puedo asegurar que muchos del otro lado también.

—*Y otros son mis amigos. Ser amigo de un burgués es inconcebible para un tipo de esa izquierda. No ven lo que yo veo, que es la capacidad de gerenciar, de administrar, de generar trabajo, de todo eso. Es más complejo de lo que parece. Los capitalistas son la energía creadora del mundo. Estoy mirando a la humanidad que nos sacó de la caverna y fue capaz de crear el mundo actual. A veces hacerse enten-*

der es bravo. La creación de una sociedad nueva no es para estúpidos. Hay que tener mucha calle, filosofía y la cabeza muy abierta.

—¿No habrá un tema de interpretación también?

—*¡Es claro! Yo defiendo la liberación nacional como etapa larga hacia un país desarrollado. Ese es mi principal objetivo. Y el concepto de liberación nacional es policlasista, necesita la participación de por lo menos una parte de la burguesía para que sea viable. No se puede hacer en contra de la burguesía. También tengo amigos burgueses para eso, porque los necesito de mi lado. Ese concepto no lo pueden entender.*

Cerca de la casa de Mujica hay un empresario veterano que apenas terminó la escuela. Es un agricultor que puso un valor agregado importante a su producto. Vende, por ejemplo, los tomates envasados a los grandes supermercados y cadenas de comida multinacionales. Va sumando más y más ideas, cambia sobre la marcha a puro olfato. Su formación es la experiencia y los viajes. Todos los años visita distintos destinos y siempre se trae buenas ideas. "Es un viejo increíble", lo define Mujica.

Algo similar recuerda del "viejo Gard", dueño de una de las principales marcas de aceite del país. Noventa años tenía Romualdo Gard cuando falleció en diciembre de 2014. Estaba ciego y seguía yendo a trabajar todos los días. Inauguró una nueva planta industrial semanas antes de morirse. Un ejemplo recurrente para Mujica, al igual que otra decena de pequeños empresarios uruguayos que empezaron de cero.

Lo que tienen en común para él es el olfato, la inventiva, que "laburan como perros", el coraje y la capacidad de arriesgar. También saben elegir muy bien a quienes los rodean. Ese es un aspecto fundamental para Mujica: estar dispuesto a contratar a los más inteligentes, aunque hagan sombra.

> *Varios empresarios locales me movieron el piso y no tienen nada que ver con la izquierda. Son productos de la economía burguesa, pero son tipos útiles en la sociedad, no son parásitos. Uno, por más de izquierda que sea, tiene que reconocer a esos tipos porque se rompen el alma laburando y dan laburo. Son burgueses admirables.*

Del exterior, hay tres empresarios multimillonarios que han hecho inversiones en Uruguay y Mujica cita en forma frecuente como ejemplo: un griego y dos argentinos. Los tres son veteranos, los tres viven en la opulencia, los tres no dejan de sumar nuevos emprendimientos por más que ya lograron una fortuna.

El primero es Panagiotis Tsakos, uno de los principales navieros de Grecia. "Un personaje. Tiene como veinte barcos y una isla que es de él en Grecia. Es puro sentimiento ese viejo".

Tsakos compró un importante edificio en la rambla portuaria de Montevideo para hacer un gran astillero. Tenía todo preparado, pero le fallaron los obreros locales. "Son inteligentes los uruguayos, el gran problema es que no quieren trabajar", dijo Tsakos a Mujica. "Tiene razón", contestó el presidente.

Dejó el astillero por el camino porque tampoco lo habilitaron a traer obreros desde Grecia. No podía montar su idea con unos pocos uruguayos. Entonces se compró una estancia y se dedicó a los negocios agropecuarios. Además, maneja una gran fundación en Uruguay con su nombre que fomenta el intercambio cultural entre los dos países.

> *El tipo se adaptó a lo que es Uruguay y empezó a hacer guita acá también con el negocio agropecuario. Trajo a la madre, una griega que nunca le dio pelota a las decenas de barcos de su hijo por todo el mundo pero cuando vio que acá tenía 1000 vacas y 3000 ovejas le dijo: "M'hijo, no sabía que éramos ricos". No se puede creer.*

El segundo es Samuel Liberman, empresario argentino dueño de medios de comunicación y cadenas hoteleras. Liberman se acercó a Mujica unos años antes de que fuera presidente, a través del exministro de Industria Jorge Lepra, y establecieron una muy buena relación. A Mujica le gustó su discurso emprendedor y la forma como fue construyendo, ladrillo por ladrillo, un pequeño imperio. Liberman registró al viejo exguerrillero como una persona auténtica pero extraña.

Unos meses antes de que asumiera como presidente, Liberman invitó a Mujica y Lucía a su mansión en Punta del Este, toda una manzana que sorprendió a la pareja. "Nunca terminábamos de entrar", nos contó después.

El empresario argentino les preguntó cómo se habían conocido, aprovechando la intimidad de la sobremesa hogareña y luego de más de cuatro horas de charla y algunas botellas de vino. Mujica recordó que fue en la época en la que eran clandestinos, huyendo por los montes. "Nos juntó el miedo", dijo con los ojos llenos de lágrimas. Se emociona seguido, pero solo con las personas con las que se siente cómodo. Deja fluir con mayor libertad su sensibilidad, aunque siempre de forma controlada.

Años después, ya siendo presidente, volvió a encontrarse con Liberman y le llamó la atención su nuevo proyecto. No podía creer que a su edad estuviera emprendiendo otro negocio.

> *Liberman le entregó todo al hijo porque él está viejo, pero se fue a Kenia a plantar flores y venderlas. Se llevó a gente de Ecuador, que son capos en rosas, y está haciendo negocios allá. Es brutal ese viejo. Empezar con 80 años un negocio de cero en Kenia. ¡No jodás, papáááá! A esos tipos hay que darles bola. Son viejos*

llenos de plata pero no se dedican solo a disfrutarla. Tienen esa energía creadora. Vos te quedás admirado, son realmente ejemplares.

La relación con el tercer empresario extranjero al que Mujica citaba como ejemplo en forma frecuente fue un poco más turbulenta: empezó muy bien y terminó mal. Su nombre es Juan Carlos López Mena y es el dueño de la empresa Buquebus, que se encarga de unir Montevideo con Buenos Aires a través del Río de la Plata, casi sin competencia.

López Mena siempre estuvo cerca de los gobiernos uruguayos y argentinos. Su negocio depende del poder de turno y él lo sabe y actúa en consecuencia. Es un empresario muy hábil, que inició su carrera como vendedor de camisas y terminó con una fortuna millonaria en dólares. Empezó en el Río de la Plata con barcos y siguió en España, Italia y Croacia. Hasta sondeó la posibilidad de instalar un *ferry* entre Miami y La Habana.

El tipo no para. Yo le dije una vez: "¿Usted no va a dedicarse a disfrutar un poco de la guita que hizo?". Él me respondió que esa era su vida. Es la elección de la aventura y el riesgo. Lo ves y no das ni dos pesos por él. Pero personas así cambian al mundo.

La reflexión fue anterior al incidente entre ambos. Lo que pasó después entre Mujica y López Mena tiene mucho que ver con el modo diferente en el que ambos ejercen el poder. El primero por desprolijo y el segundo por abarcativo. En mitad del gobierno, Mujica siguió un consejo de su entonces ministro de Economía, Fernando Lorenzo, y cerró Pluna, la compañía aérea de bandera uruguaya. Lorenzo realizó la recomendación porque el Estado era garante de los siete aviones de la empresa y podían ser confiscados por juicios millonarios que enfrentaba en el exterior.

El camino que utilizaron luego fue llevar los aviones a una subasta pública para recuperar parte del dinero invertido. Los interesados fueron cerca de una decena, pero al final solo quedó López Mena. Mujica puso a Lorenzo y a otros integrantes del gobierno a trabajar con él para buscar una salida. López Mena, que quería quedarse también con el puente aéreo entre Montevideo y Buenos Aires, consiguió a un oferente español, que participó del remate con un aval del Banco estatal uruguayo República, que tiene al dueño de Buquebus como uno de sus principales clientes.

El remate duró solo seis minutos, pero el plan no salió como fue previsto. La prensa se enteró de que el comprador estaba vinculado a López Mena y de que el aval para la operación lo había dado el Estado. El gobierno argentino reaccionó en forma inmediata, apostando con más fuerza a la compañía estatal Aerolíneas Argentinas para el puente aéreo entre Buenos Aires y Montevideo. López Mena se retiró del negocio y el Banco República le quiso cobrar el aval que le había dado por 14 millones de dólares, el 10% de la operación total.

El empresario argentino trató de evitar el pago de esa suma y negó estar asociado a los compradores. Mujica lo convocó a su despacho y lo invitó a cumplir con sus obligaciones, teniendo en cuenta todos los negocios que lo relacionan con el Estado. Después de muchas idas y venidas, López Mena accedió y hasta el día de hoy sigue pagando su deuda.

La alternativa sugerida públicamente en ese momento por senadores del Frente Amplio, para evitar la excesiva exposición pública de lo negociado, fue que el Estado pagara el boleto de reserva de los aviones. De esa forma se alejaba a López Mena del escenario. Mujica ni consideró esa posibilidad. No quería dar un paso más porque tenía miedo de que si lo hacía, su ministro de Economía y el presidente del Banco República terminaran presos por lo que podía ser interpretado como un perjuicio económico al Estado.

"No se abandona a los soldados en la mitad de la batalla", nos dijo una mañana de noviembre de 2012 comiendo carne a las brasas en el quincho de su amigo el Gordo Sergio Varela, en la esquina de su casa. Nos confesó que había atravesado por una de las peores semanas de su gobierno. El error, reflexionó, fue la ansiedad por solucionar como fuera el tema de la subasta. "Acá nadie afanó nada pero hicieron cagadas por apurados", fue su lectura.

Le preguntamos hasta qué punto él estaba involucrado. Quisimos saber si había sido él quien había armado la puesta en escena fallida para terminar con la compañía aérea. "Me hago responsable porque yo los dejé hacer. Es obvio que el presidente tiene la última palabra", nos contestó con una mirada cortante, aunque nos dijo que la salida había sido diseñada por asesores del ministro de Economía.

Mujica resolvió que el Estado no volviera a intervenir y que actuara la justicia. Terminaron, el ministro de Economía y el titular del Banco República, procesados sin prisión en primera instancia, aunque por un delito distinto: el de abuso de funciones. Fue un golpe importante para el gobierno, y pudo haber sido peor. Mujica los defendió en público, asumió su responsabilidad política y pagó el precio.

El exceso de confianza en López Mena fue una de las causas de esa crisis. Lo volvió a ver en más de una oportunidad, pero el vínculo había cambiado. El empresario argentino ya no contaba con la aprobación del gobierno y tuvo algunas dificultades en sus negocios. Otro ejemplo para Mujica, aunque de los negativos, de los que le dejaron un sabor amargo. Lo expuso en su punto débil. A él y a su Gabinete.

Los procesados eran "soldados", no amigos. Habían sido elegidos por el vicepresidente Astori y no integraban el círculo de mayor confianza de Mujica. Lo cierto es que son muy pocos los que están en ese grupo. De la oposición, el Guapo Larrañaga, y del gobierno los que trabajaron en su entorno, como Homero Guerrero, Diego Cánepa, su secretaria personal María Minacapilli, y algunos tupamaros, de antes y de ahora. También mantuvo una relación de confianza después de la campaña electoral con Pancho Vernazza y se sentía cerca de algunos ministros, como el de Desarrollo Social, Daniel Olésker, y el de Industria, Roberto Kreimerman. Los dos pertenecen al Partido Socialista, pero son en esencia mujiquistas.

Mujica no se siente cómodo con los integrantes del sistema político uruguayo. Son muy pocos los que colman sus expectativas. Como referente intelectual de sus opositores destaca a Ignacio de Posadas, un abogado católico que fue ministro de Economía a principios de la década de los 90, cuando Lacalle era presidente. De Posadas tiene más de 70 años. Creció en otra época.

—El viejo discurso: los políticos de antes eran mucho mejores que los de ahora…

—El problema es que ahora falta contenido. El descreimiento en la política es también por la falta de un discurso atractivo de los que ocupan los principales lugares.

—La falta de renovación puede ser por culpa de los más veteranos, que no dan un paso al costado.

—Eso suena a excusa porque el que tiene con qué, llega. También hay un tema de capacidades. Yo leo papeles políticos del 40 y me encuentro con tipos mucho más modernos

que ahora. Había tipos que te dejaban pensando pero no lo encuentro hoy, ni en el Frente Amplio. Ese es el problema. Por algo se trancó el Uruguay. No era así. Se quedó.

—Haber hay. El tema es que no se dedican a la política.

—Es cierto que hay muchos que salen rajando. Cuanto más lejos de la política, mejor. Pero tampoco surge ningún nuevo músico como Zitarrosa o como los Olimareños. En el periodismo también pasa. El nivel bajó muchísimo. Uruguay siempre está recurriendo a su pasado, a reliquias, para mantenerse en pie. Falta mucha gente que haga pensar. No tengo claro qué fue lo que falló en las últimas décadas pero algo falló.

El día en el que tuvo lugar esta charla fue complicado para Mujica. Estaba muy decepcionado. Sentía que se había equivocado al impulsar a algunos dirigentes. Le pasó en la cúspide de su carrera, cuando estaba cerca de ser presidente. Apostó por la politóloga Constanza Moreira. La promovió como postulante para dirigir el Frente Amplio y después le dio un lugar en la Cámara de Senadores. Algo parecido hizo con el economista Alberto Couriel, que fue asesor de gobiernos de izquierda en Nicaragua y Perú.

Una vez electos senadores, ninguno de los dos hizo los aportes económicos al sector político que les dio el lugar. "El órgano más sensible que hay es el bolsillo", dice Mujica con cierto enojo cuando recuerda la situación. Y le duele más si ocurre en la izquierda. Y más todavía con los suyos.

Es cierto que no exige a los demás que vivan como él pero se ofusca cuando los que llegan gracias a él no retribuyen. Lo indigna. Allí no hay tolerancia. Le pasó con Moreira y con Couriel pero considera que es un problema más generalizado en la política.

En el Movimiento de Participación Popular hay un fondo para los compañeros cuando están enfermos y después está el fondo Raúl Sendic. Constanza no puso un peso. Me dicen que es de izquierda pero su corazón es más capitalista que la puta madre. Salió senadora de garrón, igual que Couriel. No ha puesto ni un peso en la vida. Se llevan todo de arriba. Al final te obligan a ser un hijo de puta, un sectario y no darle vida a nadie. ¿De qué izquierda nueva me hablás? Eso es todo una mentira.

Hay muchos que reciben la ira de Mujica. Desde los legisladores que se terminan haciendo sus casas gracias a los viáticos que no devuelven, hasta las que se dicen feministas pero no practican con el ejemplo.

El 60% del Plan Juntos[14] *son mujeres solas con hijos. ¿Vos creés que apareció una organización feminista para ayudar? No, esas son todas intelectuales con sir-*

14. El Plan Sociohabitacional Juntos fue el encargado de construir viviendas para los sectores más pobres con dinero donado por Mujica de su sueldo y con aportes de algunos funcionarios públicos y empresarios privados. Al final del gobierno de Mujica, se habían entregado alrededor de 3000 casas.

vientas. Y el Frente Amplio tiene el caudal más grande de esas intelectuales insoportables. Se pelean con Lucía porque Lucía les tira la de la sirvienta. Es preferible lidiar con una trituradora antes que con ellas.

Los resentidos también le provocan rabia. Le duele que lo critiquen por acercarse demasiado a sus enemigos del pasado. Hacia ellos aparece la cara oscura del liberal que acepta a los que opinan diferente. Él optó por no cobrar las viejas cuentas y no cree que haya otro camino posible. En eso no deja demasiado espacio para la discrepancia.

Fui al cuartel de Rocha en el que me tuvieron preso un tiempo. Vino el comandante a sacarse fotos y me preguntó si podía traer a la mujer. Las vueltas de la vida. Terminé poblando sus portarretratos. Pero no les tengo odio a los milicos. Hay compañeros de izquierda que no lo pueden entender, que no me lo perdonan. Duele, y por momentos, da bronca que lo vean como una traición. Intenté transformar el mundo y me hago cargo. Si no eran los milicos, eran otros. No los odiaba, fueron instrumentos. Debe ser horrible vivir toda la vida con ese resentimiento. Me dan lástima los que sienten eso. No se dan cuenta de que uno también peleó con aprehensión. Se quedaron en aquellos años y con ese discursito, peleando con los muertos. Les sacás eso y no les queda nada. No entienden que la vida continúa y vienen nuevas generaciones. Vivir envenenado es vivir al pedo.

Sin embargo, de la vieja época también conserva amigos y los mejores recuerdos. De los aljibes obtuvo la paciencia y la esperanza, que lo llevaron muy lejos, mucho más de lo que nadie imaginó.

"¡Ah, eso es de ciencia ficción! Pienso en cuando estábamos en las catacumbas de Paso de los Toros y nos hablábamos a golpe de nudillos. Todo esto deja a Ray Bradbury como un escritor naturalista de un pueblito de Uruguay o de algún otro perdido por ahí. Es insólito", sostuvo el exguerrillero Mauricio Rosencof sobre la Presidencia de Mujica en el semanario uruguayo *7N*.

Rosencof, el Ñato Fernández Huidobro y Mujica compartieron durante la dictadura militar los cubículos más oscuros, separados por paredes ciegas, de distintos cuarteles. Los tres están vivos, con todo el alcance de esa palabra. Se ven muy poco, pero saben que la distancia no cambia nada. Se comunican con solo mirarse. "Son mis hermanos", dice Mujica.

> *Cuando andaba por los aljibes, tenía cerca al Ñato y a Rosencof.*
>
> *Rosencof escribía poesía para las novias de los milicos y el Ñato hacía dibujos y los cambiaba por tabaco. Yo leía. Algunos de los más jóvenes la quedaron. Al final, los viejos fuimos los que resistimos más. Tenemos una multitud de sombras que quedaron por el camino. De pura casualidad, seguimos, y eso nos hace estar más vivos.*

Todo lo vivido queda en Mujica. Sabe que está viejo, que ya pasó mucho y que no es tiempo de reciclaje ni de largas preparaciones. Ya piensa más en el pasado como historia y en el futuro como bronce. Dice que no quiere "discutir al pedo ni perder el tiempo". Que lo que importa es lo trascendente y que fuera de eso es preferible la retirada. "Me acuerdo del Bebe. Discutía media o una hora y después se acostaba a dormir. No bancaba mucho. Yo hoy haría lo mismo", asegura.

¿Qué lugar tendrá la Historia para él? El de "escritor hablador", elige. Esa imagen es la que más le satisface. "Desarrollo el pensamiento así. A veces me sorprendo a mí mismo con lo que voy diciendo", sostiene.

Cita al antropólogo Daniel Vidart.

> *Es un tipo para disfrutar y para leer. Le tengo mucho aprecio. Va a pasar a la Historia. Hoy, de los intelectuales que quedan vivos, es uno de los más potentes, un tesoro del Uruguay. Es un testimonio de una generación brutal de intelectuales. Hay algunos tipos de ese Uruguay que valen la pena por ahí. Hay muchos que no se están viendo tanto ahora y dentro de un tiempo se van a ver con más claridad.*

Los años dirán si Mujica integra ese selecto grupo.

7

El caudillo

La desembocadura del río San Juan en el Río de la Plata es uno de los lugares más lindos en la estancia presidencial de Anchorena. El aire huele a entrevero de ríos y los colores se definen entre barrancos, praderas, agua dulce y montes nativos. Recorrer a paso lento esa zona apacigua. La naturaleza muestra allí una de sus versiones armoniosas, de esas que provocan una respiración más profunda.

No es fácil llegar hasta el rincón formado por los dos ríos. Hay que ir con algún guía experto y recorrer unos kilómetros entre bosques y campo. A nosotros nos llevó Mujica en la camioneta Mitsubishi blanca que usaba en el parque de Anchorena. Fue en abril de 2011. Hacía poco más de un año que era presidente y la conversación durante el camino giraba en torno a paisajes, ciervos, vacas y distintos tipos de árboles. Unos metros antes del destino, aminoró la marcha. "Les voy a mostrar cómo sé que Tabaré Vázquez va a volver a postularse a la Presidencia", nos dijo con su sonrisa característica antes de la picardía.

Más adelante se veía un lugar acondicionado para acampar sin demasiado despliegue: un parrillero con capacidad para asar alrededor de 30 kilos de carne, una estructura de hormigón con baños, ducheros y vestuarios, y un camino de salida al río San Juan y a un embarcadero. Ante ese panorama, era imposible no imaginar las tertulias alrededor del fuego en noches estrelladas o la circulación de amigos ansiosos, con sus cañas de pescar, temprano en la mañana. "Esto lo armó Tabaré para venir con su gente. Yo no lo uso", explicó nuestro guía.

Hasta esa parte del relato, nada raro, teniendo en cuenta que pescar es una de las pasiones de Vázquez y que durante su Presidencia pasaba muchos días en Anchorena. "Acá está la prueba de que va a volver a ser candidato", nos dijo Mujica señalando a un costado del camino hacia el río. El secreto que reveló eran unos diez limoneros con no más de tres años de plantados y alrededor de 40 centímetros de alto. "Para la próxima, el hombre quiere tener limones fresquitos cerca del campamento", exclamó entre sonrisas, después de una guiñada.

Ese gusto de Vázquez por pasar días enteros en el campo es compartido por Mujica. La única diferencia es que pescar le aburre profundamente. Muchas de las reuniones que ambos mantuvieron cuando Mujica era presidente fueron en la zona de Anchorena, en la intimidad de la naturaleza, aunque no en el parque presidencial.

Luego de terminar su mandato, Vázquez siguió yendo a acampar con sus amigos a un predio cercano al río San Juan. Allí lo encontraba Mujica y hablaban horas.

En el verano de 2013, Vázquez pasó casi un mes en su nuevo campamento y Mujica lo visitó tres veces. Para llegar, tenía que salir desde el establecimiento de Anchorena, avanzar unos diez kilómetros por una ruta nacional, entrar en una estancia privada y hacer otro largo recorrido a campo abierto. Un trayecto de más de veinte kilómetros en total, para terminar casi frente al punto de partida. En ese lugar pasaba las vacaciones Vázquez: bien cerca de la residencia de descanso presidencial.

> *Fui muchas veces a comer y a chupar con él ahí. Tiene bruto campamento, hasta mejor que el de Anchorena, solo que en el campo de enfrente. El dueño de ese campo, un gallego, dejó que armaran el campamento porque Vázquez lo autorizaba a aterrizar con su avioneta en Anchorena. Cuando va con sus amigos, llevan lancha con motor y dicen que van a pescar. ¡Mentira! Pasan cocinando y chupando.*

En algunas de sus excursiones casi semestrales a pescar, Vázquez paraba en la casa de Anchorena antes de volver a Montevideo y llevaba pescado de regalo. "Otra vez estuvo Tabaré por acá, presidente. Le guardamos el pescado que le trajo", le decían más de una vez por teléfono a Mujica los encargados de la estancia presidencial.

Ese fue el lugar que eligieron los dos para consolidar el círculo Vázquez-Mujica, Mujica-Vázquez. Ellos dos, junto con Astori, son los tres políticos con mayor popularidad del Uruguay y lideraron al Frente Amplio durante las últimas dos décadas. Primero fue Vázquez presidente, después Mujica y después otra vez Vázquez. Astori fue ministro, vicepresidente e intentó ser presidente pero no pudo. Perdió una elección interna con Vázquez y otra con Mujica.

"Nunca se dio la gran interna", le comentamos una madrugada a Mujica, entre cigarros y botellas vacías de vino. Hacía más de una hora que veníamos hablando de la tríada que llevó a la izquierda uruguaya al poder y que la mantuvo allí por quince años.

"Tabaré compitió con Danilo, vos con Danilo y Danilo con Tabaré, pero vos con Tabaré nunca", reflexionamos con la idea de que habíamos descubierto algo nuevo para agregar dentro de ese triángulo tan importante en la vida política uruguaya reciente.

Él pensó unos segundos, terminó su cigarro, lo apagó y respondió: "No es así". Esperó la reacción y, ante nuestra mirada incrédula, agregó: "En realidad, yo competí contra los dos en las internas. Salí presidente contra los dos. Tabaré apoyó a Danilo con toda su fuerza y yo les gané a los dos juntos esas elecciones".

Es cierto. Vázquez y Astori no querían a Mujica como presidente y nunca pensaron que iba a ganar la interna. Los tres comparten el mismo partido político pero son muy distintos. En realidad, el más distinto es Mujica, como siempre. Más allá de eso, logró una buena relación con ambos, que estuvieron presentes durante todo su gobierno, Astori como su segundo y Vázquez como consejero, no siempre con buenos resultados.

Los reclamos de Vázquez a Mujica eran frecuentes. En la mitad del mandato llegó a decir a periodistas y empresarios en conversaciones informales que ambos representaban distintos modelos de país. "Yo no lo jodí a él y no quiero que él me joda a mí. Me va a tener que bancar porque yo siempre lo banqué cuando él era presidente", nos dijo Mujica cuando se enteró de que, en privado, Vázquez estaba catalogando de "caótico" a su gobierno. "No le doy pelota. Si le diera pelota no sería presidente", nos confesó.

Nunca tuvieron demasiada sintonía y era evidente que las cosas no iban a cambiar durante la administración de Mujica. Quizá el quiebre más importante ya se había registrado cuando Mujica resolvió ser candidato presidencial, por más que Vázquez había elegido a Astori. "Nunca me lo perdonó", dice Mujica. Es difícil saberlo, pero seguro que durante la campaña electoral no lo hizo. Incluso Vázquez lo acusó de decir "estupideces" y uno de sus hombres de confianza, Gonzalo Fernández, dijo a quien quisiera escucharlo que se iba a nado de Uruguay si Mujica llegaba a ser presidente.

La forma de manejar el poder es una de las principales diferencias que Mujica tiene con Vázquez. En ese punto no hay conciliación posible. Mujica ubica a Vázquez en la vereda opuesta, en el club de los expresidentes que él nunca integrará.

Una de las frases más significativas al respecto nos la dijo en su casa, una mañana de invierno. Lo importante no fue solo lo que dijo sino cómo lo dijo y en qué contexto. La reunión ocurrió bien temprano, a las siete y media. Salió a recibirnos a la portera cuando el pasto todavía estaba oculto bajo la capa de hielo que se había formado durante la madrugada. Llevaba un gorro de lana que le cubría hasta los ojos, con agujeros por los que asomaba pelo blanco, y para completar un pantalón deportivo, dos buzos de lana de distintos colores y pantuflas gastadas, hechas con piel de cordero. En el rostro tenía restos de espuma de afeitar y todavía no se había colocado los dientes postizos.

Nos hizo pasar a un galpón con piso de tierra al costado de su casa. Se sentó en un tarro de pintura de plástico y a nosotros nos ofreció dos banquitos. Tomando mate y comiendo bizcochos de a dos bocados nos dijo que nunca tendrá sintonía con Vázquez porque tienen una relación muy distinta con el poder. Y aclaró: "Él marca distancia porque se cree todo eso de pre-si-den-te y acá nadie es más que nadie".

Vázquez forma parte de *otra* izquierda para Mujica. Reconoce que nació y creció en un barrio montevideano de clase media baja, como La Teja, pero recuerda que después se dedicó a "hacer plata" como médico y se mudó a un lugar de clase media alta. "Los pecados originales los abandonó. Yo no los abandono. Sigo teniendo mucho olor a pueblo y eso no le gusta a todo el mundo", asegura.

De todas formas, en las decisiones más importantes casi siempre participan de alguna forma los tres: Vázquez, Mujica y Astori. El ejemplo más claro al respecto fue durante el primer gobierno de Vázquez, ante la posibilidad de que Uruguay firmara un tratado de libre comercio con Estados Unidos. El principal defensor de esa idea era Astori y había convencido a Vázquez. Cuando estaba a punto de firmarse, Mujica realizó un largo viaje en avión con el entonces presidente y utilizó su poder de persuasión para tratar de revertir la decisión. El argumento fue el impacto negativo que un acercamiento tan pronunciado con Estados Unidos podía tener en los demás países de la región y en la interna del Frente Amplio, en especial en los comunistas y buena parte de los socialistas uruguayos. Logró su objetivo: Mujica convenció a Vázquez, Vázquez a Astori y punto final. Varias decisiones importantes de gobierno fueron tomadas así, en consulta permanente entre el triunvirato.

Después de ese episodio, Mujica y Astori se transformaron en la fórmula presidencial ganadora y afianzaron un poco más su vínculo. Semanas antes de asumir, Mujica nos dijo que iba a dar un rol importante en el área económica a su vicepresidente. Y así lo hizo, aunque sin abandonar su estilo de gobierno ni perder el control.

"Todo el aire necesario para resolver en la economía y para generar certezas", le había prometido a Astori. El vicepresidente se sintió confiado pero con el transcurso del tiempo se dio cuenta de que, con la *oveja negra*, lo que se inicia con "todo el aire" puede terminar en un temporal.

Ya en el segundo año de gobierno, Astori empezó a fastidiarse con un presidente que nunca terminaba de asumir del todo el poder y que se mostraba muy desprolijo en los asuntos que involucraban a ambos. Así, aunque con altibajos, se fue haciendo cada vez más conflictiva la relación entre un anarco poco afecto a las formalidades y un obsesivo al que no le gusta que nada se salga del libreto preestablecido.

Apenas un año y medio después de haber asumido, Mujica y Astori participaron en una reunión con los principales dirigentes de las cámaras empresariales. Era una celebración como tantas que se extendió por horas, entre botellas de vino y cigarrillos. Mujica no paró de fumar y antes de irse tuvo un diálogo con la mujer de Astori, Claudia Hugo, que dejó a ella y a su esposo preocupados.

—*Cuidalo, m'hija...*

—...

—*Cuidalo porque yo no aguanto hasta el final.*

—*Pero Pepe, no diga eso. Usted se tiene que cuidar un poco más y dejar de fumar tanto.*

—Te lo estoy diciendo muy en serio: cuidalo. Yo ya estoy podrido de todo esto.

Esa no fue ni la primera ni la última vez que Mujica pronosticó que no terminaría el mandato, pero en aquella oportunidad se mostró especialmente pesimista.

Por esos días, Mujica estaba preparando el impuesto a las extensiones de tierra mayores a 2000 hectáreas, una medida económica que no estaba dispuesto a abandonar. La propuesta le generó un debate ideológico con Astori, aunque el vicepresidente terminó haciendo lo que le pidió su presidente. Un tema de lealtades que Astori siempre respetó. "Danilo se portó bien conmigo. Pero una cosa es Danilo y otra el danilismo", opina Mujica.

El 3 de abril de 2011, cuando nada se sabía del proyecto, el vicepresidente recibió en su despacho, a media tarde, un sobre color manila cuyo remitente era la Presidencia de la República. Adentro, con letra manuscrita del propio Mujica, había una hoja que decía "borrador". Las demás hojas incluían los artículos para establecer el impuesto al campo, que Astori no compartía. El presidente decidió seguir adelante y defender la iniciativa en público, sin contemplar los cuestionamientos de los dirigentes *danilistas*.

Sin embargo, el 1 de julio, cuando la discusión ya estaba instalada, Mujica convocó a Astori a su despacho en la Torre Ejecutiva para hablar sobre varios temas. El vicepresidente tenía que viajar a Chile y temía que Mujica anunciara el nuevo tributo a las grandes superficies de campo en su ausencia y sin realizar los cambios que le había solicitado.

"No tengo ganas de hablar del impuesto", le adelantó Mujica. "Me tienen podrido con el tema". Y le transmitió calma: "Quedate tranquilo, te espero. No voy a hacer nada sin que estés".

"Hablemos un poco de filosofía", pidió. Astori sonrió. "Te digo en serio: ¿cómo ves al gobierno?". La respuesta fue tajante: "Tratá de hablar un poco menos".

"Voy a tratar, pero a mí me gusta pensar en voz alta y es muy difícil que a esta altura de mi vida cambie", le devolvió Mujica.

Al otro día, el presidente informó a los medios de comunicación que, luego de una fructífera reunión, había aceptado las propuestas sobre el impuesto al campo que diez días antes le había hecho Astori. Una caricia que dejó contento al vicepresidente, que luego votó el proyecto en el Parlamento.

Hubo de las otras también. En el tercer año de gobierno, Mujica mandó revisar los decretos que establecen el sueldo del presidente y del vicepresidente y se sorprendió al ver que estaban exonerados de hacer aportes a la seguridad social. Quedó indignado. Resolvió modificar la norma y se lo comunicó a Astori.

"Es un disparate, no es así", contestó el vicepresidente a Mujica y al entonces secretario de la Presidencia, Alberto Breccia. Les explicó que estaban haciendo una mala interpretación de los decretos, que los aportes a la seguridad social se realizaban mes tras mes. Pero fue demasiado tarde. Mujica ya se había encargado de difundir la información y de emitir un comunicado oficial anunciando los cambios.

Astori no lo podía creer. El día que la noticia fue difundida, suspiraba indignado en su despacho. Caminaba de un lado a otro sin consuelo, y decidió realizar una llamada a un periodista para tratar de descargarse.

—*¡Estamos todos locos! Se equivocaron y además les advertí.*

—La información vino de los directos involucrados.

—*Sí, pero te pido que me llames a mí también en estos casos, porque están haciendo cualquier cosa. No me dieron bola.*

—Yo pensé que era algo que estaba conversado entre ustedes.

—*Esta gente es muy desprolija. No podés dar nada por sobreentendido. A mí me descuentan todo lo que me deben descontar por mes. Estos señores están equivocados y se lo advertí. Es muy difícil así.*

"¿Sabés cuál es el problema? Que tienen un presidente anarquista y es un elemento que no pueden incorporar al análisis económico. No lo entienden", nos dijo la semana siguiente Mujica. El enojo había pasado y nunca más hubo un episodio en el que el vicepresidente manifestara en forma tan clara su indignación, al menos ante periodistas.

Lo cierto es que Mujica le tiene mucho aprecio. Llegó a evaluar la posibilidad de apoyarlo como candidato a sucederlo y finalmente desistió por temor a que volviera a perder las elecciones.

"¡Pobre Danilo! Le falta *sex appeal.* Siempre está por ser presidente y va a seguir ahí porque no tiene picardía, le falta maldad", nos dijo en una de las tantas madrugadas de charlas. Que Mujica estuviera hablando de *sex appeal* era como que se pusiera a defender la importancia de la corbata.

"Ah, porque vos tenés un *sex appeal* bárbaro", contestamos entre carcajadas. Su respuesta fue muy en serio: "No hay nada más atractivo que lo diferente. Ahí entro yo". Otra vez lo mismo, pero ahora con un calificativo un poco más glamoroso: el *sex appeal* de la *oveja negra.*

> *Danilo no tiene eso, es meramente racional y no llega al corazón de la gente. La gente piensa con el bobo también. Él es un profesor que da cátedra pero no te conmueve, no te roba una lágrima. Puede ser admirado, no querido. Tiene buena imagen, pero de ahí a que lo quieran es distinto. Pone distancia y la gente lo intuye.*
>
> *Otro problema que tiene es que habla en un lenguaje que la gente no entiende un carajo. Ese es un*

pecado capital para juntar votos. Es grave. Además, como es autosuficiente, es crudamente racionalista y la comunicación no puede dejar de ser emotiva porque si no es emotiva, no llegás a nadie. La política no son botones. Tenés que salir, ver gente, hablar. Las masas no se comunican por power point, *se comunican a la antigua.*

Por esos y otros motivos, Mujica está convencido de que Astori, al igual que Vázquez, integra el grupo de los que no pueden entender cómo él llegó a presidente. Hay un problema de clases, entiende Mujica, en ese prejuicio.

Durante los últimos años, Mujica se ha dedicado a comprobar esa teoría. Ha trabajado en campañas electorales con los dos y siente que en ese aspecto Vázquez y Astori también son diferentes y que eso explica hasta dónde llegó cada uno.

Tabaré se brinda, Danilo no. Se le acercan al auto y sube la ventanilla. Danilo sufrió como loco en la campaña electoral conmigo. Una vez lo quise llevar a mear en medio de una multitud, a escondidas, y no pudo. Es muy formal. ¿Vos te creés que Danilo va a venir a una charla como esta en tu casa, con ustedes? Ni loco. Te pone la barrera y ahí es donde vos sentís la distancia de clase. Tabaré se puede mezclar mucho más, aunque nunca sabés lo que está pensando.

A principios de 2013, un año después de que Mujica nos hiciera la reflexión, Tabaré Vázquez le transmitió a él y a Astori, en privado, que volvería a ser candidato. No fue una sorpresa, obviamente. El mismo día que asumió, cuando recibió la banda presidencial de Vázquez, Mujica se imaginó cinco años después en la situación inversa. Lo hizo por intuición, porque siempre tuvo la idea de que o era Vázquez o era Astori el siguiente y que a Astori nunca le iba a llegar el momento. "Danilo no aprendió nada de las derrotas porque él es así. No va a cambiar a esta altura", se convence Mujica. "Es probable que sea más buena persona que Tabaré, porque Tabaré a veces te da la impresión de que usa a la gente. Tiene alguna cosa que no me convence, pero se maneja mucho mejor que Danilo en el plano político y: ¡es lo que hay, valor!".

Por eso llegó a la conclusión de que era necesario apoyar a Vázquez. Por eso y porque realmente cree que es de izquierda, aunque en la versión más *light*. Integra, para Mujica, una especie de aristocracia de la izquierda uruguaya, popular pero no tanto, con una sensibilidad social, pero vinculada al pequeño mundo de las universidades. Esos dirigentes son necesarios para Mujica, pero no están entre sus preferidos.

Mujica llegó a recibir alguna sugerencia para impulsar a un postulante alternativo a los candidatos naturales del Frente Amplio. Lo evaluó seriamente, se tomó unos cuantos meses para sopesarlo, y llegó a la misma conclusión: es Vázquez o Astori. Hasta el entrenador de la selección uruguaya, Washington Tabárez, en pleno apogeo de su popularidad por los buenos resultados futbolísticos, estuvo entre las posibilidades que estudió el presidente. Era ideal para desplazar a los postulantes obvios, con un respaldo masivo asegurado. Avanzó con la idea, hasta que le surgió un inconveniente imposible de revertir: Tabárez no quiere saber nada con la política.

Los rumores de denuncias que involucraban al gobierno de Vázquez, y que perjudicarían las chances electorales del expresidente, llegaban mensualmente a la Torre Ejecutiva. Fueron varias las veces que al otro lado del escritorio de Mujica se sentaron dirigentes políticos convencidos de que había material para poner punto final a la carrera política de Vázquez. Mujica escuchó pero nunca encontró sustancia suficiente como para avanzar en las investigaciones.

El mismo mes en el que Mujica asumió como presidente, Vázquez lo visitó en su casa de Rincón del Cerro. Estuvieron conversando por más de dos horas. En ese momento el tema central era el conflicto entre Uruguay y Argentina. "Vos hacé el papel de bueno y dejá que yo hago el de malo", le dijo Vázquez a Mujica. La idea del nuevo presidente era buscar un acercamiento y quería aclararlo desde el primer momento con su antecesor.

También hablaron algo del futuro cercano y del lejano. Las elecciones siguientes no estuvieron en la conversación, pero sí la importancia de la tríada y la necesidad de cuidarla. "De nosotros depende que esto siga funcionado, así que no voy a hacer nada que joda a alguno de los tres", le dijo Mujica a Vázquez. Y siempre cumplió con su palabra.

Un año después, Vázquez participó en una charla para estudiantes adolescentes y reveló que había pedido ayuda a Estados Unidos en el peor momento del conflicto con Argentina, por temor a un enfrentamiento bélico. Fue un desliz que generó un terremoto político. Vázquez, Bush, Argentina, conflicto armado, una combinación que dejó sin aire a Mujica, que en ese momento se encontraba de gira oficial por Europa. Cuando se enteró de la noticia en un viejo hotel de Estocolmo, se agarró la cabeza, levantó sus cejas en señal de desaprobación y no emitió ni una palabra.

"Cometió dos errores: primero pedir la ayuda y después decirlo", nos dijo semanas después. También se lo dijo a Vázquez personalmente. Lo fue a visitar para darle su opinión sobre el episodio y hacerle una recomendación importante: que mantuviera un perfil bajo hasta que se acercaran las siguientes elecciones.

> *Le pedí que se mantuviera callado y tranquilo. La forma de poder ganar la próxima elección es si él se mantiene quieto. No es momento de discutir. Lo mejor es que aparezca unos meses antes y se muestre como alternativa. Algo tiene que hacer, pero que haga cosas chicas, nada muy grande. Si él no está en el candelero, al que le pegan es al gobierno. Si él está,*

al que le pegan es a él. Dejá que me peguen a mí, que yo no tengo futuro. Cargo con esa mochila sin ningún problema.

No sabía si Vázquez iba a seguir su consejo cuando nos lo contó. Lo que sí tenía claro es que lo había escuchado con atención y que tenía unas "ganas bárbaras" de volver a ser presidente. "Esa es una buena señal", evaluó Mujica en aquel momento. Y Vázquez se mantuvo en silencio hasta más cerca de los tiempos electorales.

Su postulación se hizo pública en agosto de 2013, poco más de un año antes de las elecciones, y no cambió mucho la relación entre ambos. Estaba todo previsto y planificado. De todas formas, Mujica sumó una nueva preocupación: lo vio con pocas energías. Y también a Astori. "Va a ser una campaña cuesta arriba", nos dijo antes de que empezara la actividad proselitista.

Del otro lado, la alternativa era el hijo de Lacalle, su antiguo competidor en las elecciones nacionales. Luis Alberto Lacalle Pou, un rival de temer para Mujica. El joven del Partido Nacional, de apenas 41 años, se mostró como el distinto, como la renovación ante un pueblo más proclive a lo diferente. Ocupó el lugar usufructuado por Mujica en la anterior elección: el retador a las tradiciones. Se sacó la corbata, habló de innovar y sorprendió con salidas fuera de lo políticamente correcto. "Vázquez no se dio cuenta de los cambios y Lacalle Pou la tiene clarita", nos dijo.

Así esperó el recuento de votos. Preocupado, con temor de que su partido político perdiera el gobierno. Hasta llegó a pensar en renunciar unos meses antes de finalizar su mandato para hacer campaña electoral a favor de Vázquez. "Estás loco, eso no va a servir para nada", le repitieron en su círculo más cercano. "Tranquilo, que ganamos", le decía Lucía. Lo convencieron, pero a medida que pasaban las semanas y se acercaba la fecha de votar, cada vez participaba más en el debate proselitista.

Una inmensa mayoría de la gente frentista quería que Tabaré fuera candidato y él lo percibió y asumió el sacrificio, entre comillas, aunque no deja de ser un sacrificio por el desgaste de la campaña. Y está viejo además, más que yo. El otro día lo vi en su campamento cerca de Anchorena, cuando no hay maquillaje. Tabaré es de los que se producen. Pero lo vi sin nada, en la mitad del campo, y está viejo. Psicológicamente, él y Astori están más viejos que yo. Ser joven es ser un poco loco y Tabaré no va a cometer nunca ninguna locura.

Mujica siempre fue consciente de esas dificultades. Pero nunca dejó de confiar en Vázquez. Lo critica, cuestiona su falta de militancia y su poco contenido ideológico, pero lo valora. Tiene lo que para él es la principal virtud de todo político: olfato. "Bruto olfato y mucha calle". Es capaz de percibir que las cosas no van bien a tiempo para corregirlas.

Más todavía si se lo advierten. Y así lo hizo Mujica, dos meses antes de las elecciones. Fue el encargado de reunir al triunvirato: Vázquez, Astori y él, luego de que dirigentes del Frente Amplio se lo pidieran. "Así no vamos a ningún lado", les dijo. "Salgan más, acepten las invitaciones, no dejen a la gente esperando".

"No se puede hacer una campaña a control remoto", les recriminó, enérgico. Fue una conversación de tres viejos compañeros de viaje. Mujica de un lado y Vázquez y Astori del otro. Y otra vez los tres se subieron al mismo barco.

Lo imaginado se transformó en realidad. Mujica le pasó la banda presidencial a Vázquez el 1.º de marzo de 2015, con un índice de popularidad en Uruguay cercano al 70%. Fuera de fronteras se había transformado en una especie de ícono del deber ser en política y esa fama no mostraba señales de agotamiento. Todo lo contrario: el reconocido director cinematográfico serbio, Emir Kusturica, preparaba un documental sobre él con un título muy elocuente: *El último héroe*. Una nueva película se iniciaba con las últimas horas de Mujica como presidente. En medio de cámaras de cine a cargo de un artista que lo idolatra y dejando un halo de misterio sobre su futuro político, entregó el mando.

Ese día se fue a su casa con satisfacción y ganas de disfrutar lo que venía. Sabía que lo iban a extrañar. Que Vázquez iba a sufrir con las comparaciones y también disfrutaría de su legado, sobre todo a nivel internacional.

Que en la estancia presidencial de Anchorena encontraría, además de los limoneros adultos, muchas otras cosas nuevas. Que ya no había ninguna vuelta atrás posible. Que, después del poder a una *oveja negra*, nada volvería a ser igual.

8

El zorro

Dos golpes fuertes y secos en la puerta de la cocina resquebrajaron el silencio nocturno. Mujica leía al costado de la estufa de leña encendida, a unos diez metros de distancia. Estaba solo y era raro que recibiera visitas cuando ya había anochecido. Tampoco tenía sentido que el llamado fuera a la puerta trasera y no a la principal, luego del control de los encargados de la seguridad a la entrada de la chacra. "Algún vecino que necesita algo", pensó el presidente y se levantó con dificultad de su sillón.

No reconoció a quien lo miraba tras el vidrio rectangular de la parte superior de la puerta. Era un hombre de unos cuarenta años, corpulento, con aspecto de militar. Un coronel del Ejército, fue lo primero que pensó. Quitó el cerrojo y lo invitó a pasar y sentarse a la mesa de la cocina, frente a la heladera y a la pileta para lavar la vajilla.

Casi no intercambiaron palabras. Los saludos de rigor y muy poco más. El visitante abrió una *notebook* que llevaba bajo el brazo y seleccionó un video que ya tenía separado. Puso *play* y en pantalla aparecieron tres personas con uniforme militar de combate y pasamontañas para ocultar sus rostros, sentados tras una mesa y con los pabellones patrios de Uruguay como telón de fondo. Leían una proclama en la que amenazaban a jueces y fiscales por los procesamientos con prisión de oficiales por violaciones a los derechos humanos durante la dictadura (1973-1985) y anunciaban que procederían a la liberación de sus "presos políticos".

Hacía poco más de un año que Mujica era presidente y la noticia sobre la existencia de ese video estaba en todos los medios de comunicación, pero él no había visto el material. Después de la exhibición, el hombre cerró la computadora, le anunció que le iban a enviar una copia a su oficina, se levantó, saludó y se fue por la misma puerta, que había permanecido abierta. Mujica quedó sentado y sin reaccionar unos segundos, antes de volver a pasar el cerrojo.

Se fue a dormir sin decir nada a nadie. Su esposa estaba de viaje y los encargados de la seguridad mantenían la vigilia afuera, sin percatarse de nada. Semanas después, nos contó el episodio con cierta preocupación. Lo interpretó como un aviso, una demostración de lo expuesto que estaba hasta en su propia casa. Sintió miedo, pero prefirió mantenerlo en secreto para no provocar un escándalo político y una mayor custodia a su alrededor. Sí se lo dijo a un juez cuando lo interrogó sobre el caso del video, que ya había generado una investigación judicial, y le pidió que no lo hiciera público.

"¿Por qué no lo detuvo?", preguntó el magistrado al escuchar el relato de Mujica. "Ni loco. Andá a saber cuántos eran y cómo reaccionaban", fue la respuesta del presidente.

Nunca llegaron al intruso y Mujica siguió como si nada hubiera pasado, pero es probable que haya registrado el mensaje y actuado en silencio. El caso se terminó archivando y su casa recibiendo muchas más visitas que antes. De todas formas, ese episodio quedó en su memoria.

—Fue brutal, tas loco. No es joda esto. Conocen mi casa. El tipo tuvo que entrar caminando por el costado, por el campo.

—No entiendo por qué no contaste nada.

—No le dije a la guardia porque me empiezan a hacer misterio, me llenan de policías y sirenas y no puedo dormir nunca más. Eso fue un trabajo de inteligencia de milicos de los verdes, no de los azules (policías). Llevando el video a casa, mostraron un alarde de eficiencia, como diciendo: "Mirá Pepe que estás regalado". Estaban marcando terreno.

—No se necesita conocer mucho Uruguay para darse cuenta de que estás regalado, ¿no?

—Sí, pero que se te metan en tu casa de noche significa otra cosa. Yo igual siempre tengo algún fierro guardadito por ahí, pero no soy loco. No me quiero complicar porque si te la quieren dar, te la van a dar.

—Matarte a vos debe ser más fácil que matar a un diputado.

—*Sí, pero yo les digo a los compañeros: "¡Sabés qué entierro!". Una movilización de masas. ¡Mataron al presidente de Estados Unidos y no me van a matar a mí si quieren! Hay que asumir. Es parte de la cosa. Acá el mensaje que quisieron pasar es que me tienen al alcance de la mano. Lo que no saben es que me importa un carajo.*

Ese fue uno de los principales episodios amenazantes que Mujica registró como presidente. Una advertencia de los militares más conservadores que al final quedó solo en eso. Cuando nos lo contó le había quitado dramatismo. Lo interpretaba como una demostración de fastidio de los que siempre fueron sus enemigos más acérrimos.

Los embates indignantes para él vinieron desde dentro del Frente Amplio. Eso fue lo que le sorprendió: que las emboscadas más elaboradas fueran de sus aliados de partido político. Nunca los denunció en público. A mediados de 2011 se enteró de que estaban preparando su sucesión, sin que él diera ninguna señal de que quería dar un paso al costado. Personas del Frente Amplio que no lo querían habían empezado a hacer circular el rumor de que iba a renunciar a su cargo y hablaban de lo excelente que sería Astori como presidente. Tenían hasta una fecha aproximada prevista.

Mujica realizó una audición radial, en la que dijo que el presidente era él y que lo sería hasta el último día en que la Constitución de la República lo establecía. Nos llamó la atención esa reflexión, por su contenido y virulencia. Le transmitimos nuestra curiosidad al final de una de nuestras tantas charlas. Permaneció en silencio. Varias veces se lo tuvimos que preguntar e igual no dijo demasiado.

"Están haciendo cosas muy jodidas contra el gobierno", fue lo poco que soltó. Habló de un posible complot, volvió a referirse a "cosas muy jodidas", y no quiso profundizar. "¿Intentan sustituirte?". "Algo de eso". Hasta ahí llegamos.

Nunca más volvió a referirse al tema. Hablamos varias veces sobre su futuro político, su salud o la posibilidad de que no terminara su período de gobierno. Jamás profundizó en lo que ocurrió ese invierno de 2011. En respuesta, lo que hizo fue consolidar su figura de presidente. Se armó de una gruesa caparazón proyectando su imagen en el exterior, adquiriendo una fama internacional histórica para Uruguay, y realizando movimientos internos para controlar los factores de riesgo.

Destituyó ministros y jerarcas de todo rango, promovió leyes polémicas, asumió protagonismo en conflictos internacionales, recibió refugiados sirios, aceptó albergar a presos de la cárcel de Guantánamo acusados por Estados Unidos de ser terroristas árabes, y hasta funcionó como mensajero entre La Habana y Washington. Todo eso lo hizo para que no quedaran dudas de quién era el presidente. Por supuesto, en forma desordenada y con idas y venidas: no sabía actuar de otra forma.

Buscó también construir alianzas con sus opositores dentro de Uruguay. "El presidente no maneja ni por asomo todos los resortes del poder", era su argumento, al intentar cuidarse las espaldas mediante un peligroso equilibrio. "No hay que usar mucho los teléfonos, ni siquiera conmigo", nos dijo más de una vez durante la segunda mitad de su mandato, y nos convocaba para hablar personalmente acerca de los asuntos más delicados. "¡Yo qué sé quién carajo me está escuchando! Apenas soy el presidente", se quejaba.

Quizá por esa inseguridad y necesidad de respaldo, Mujica se acercó a la oposición, más allá de los debates obvios. Además de darles cargos directivos en las empresas públicas, escuchó sus propuestas e intentó contemplar algunas. "Preciso como el pan a la oposición, los trato con algodón", nos confesó en sus comienzos.

Contó con el apoyo de políticos blancos y colorados para algunas leyes importantes, como la patente de vehículos única a nivel nacional y la creación de una nueva universidad pública en el interior del país. Más que votos, lo que perseguía era tranquilidad.

Algo similar hizo con las Fuerzas Armadas. Siempre supo que la mayoría de los militares no lo votan. Igual, no intentó desplazarlos, aunque considera que son muy importantes para mantener el poder. Buscó convencerlos. Lo acusaron de seguir una política similar a la de

Hugo Chávez en Venezuela, que transformó a las Fuerzas Armadas en defensores de su régimen.

> *¡Qué me vienen a joder! Están haciendo misterio con que nosotros estamos metiendo gente ahí, como hizo Chávez en Venezuela. ¡Ojalá! Me hubiera encantado hacer política en el Ejército, pero no tengo tropa. No estamos metiendo gente de izquierda en las Fuerzas Armadas porque no va ninguno. Ese es el problema.*
>
> *Igual, al Ñato lo respetan y a mí también. Somos tupas, tenemos una relación de años. Y nosotros los respetamos mucho a ellos. Yo siempre se lo digo: una sociedad y un gobierno necesitan de los militares. Vos les decís a los milicos y los milicos cumplen. Me acuerdo de cuando mandé levantar a la gente de la calle. Los del Ministerio de Desarrollo tenían reparos, no querían, y había un coronel que decía: "¿Cómo no lo vamos a hacer, si lo mandó el presidente?".*
>
> *Por eso les abrí los cuarteles y los puse a hacer más cosas. Es necesario que se reconcilien con la gente. A esta generación no se le puede pasar la cuenta de otra. No ganamos continuidad así. En varios líos grandes traté de meterlos para que asuman que son importantes. Cuando tuve un lío con el reparto de combustible, por ejemplo, recurrí a ellos. Con eso fue que empezaron a hacer pelota a Allende en Chile. Nunca voy a dejar que el país se quede sin combustible.*

En 2013, Lacalle le informó a Mujica, preocupado, sobre la intención de la Policía de comprar 1000 fusiles. "Es demasiado poder para la Policía", le advirtió. Mujica tomó nota y resolvió dar la mitad de ese armamento a los militares. "Una señal para la interna", argumentó. Nunca la concretó porque al final los fusiles adquiridos por la Policía fueron apenas 150. Pero ya estaba decidido a beneficiar a las Fuerzas Armadas.

En esa conversación, Lacalle le recordó que cuando él era presidente enfrentó una huelga policial de semanas que lo dejó en una muy mala posición. "Por eso hay que tener cuidado con los policías", le dijo. Mujica respondió algo que luego se encargó de que se supiera entre militares y policías: "Si me hacen una huelga policial como la que hubo en tu gobierno, no dura ni un día: saco al ejército a las calles".

Como ministro del Interior, a cargo de la Policía, Mujica designó a su amigo el Bicho Bonomi, un exguerrillero que comparte sus mismos códigos. "Es un tipo muy importante para mí y por eso lo mandé a ese lugar clave", fue su justificación. "La Policía no se pierde una joda", dice Mujica. Y alguien del perfil de Bonomi, que "labura como loco y no se casa con nadie", es el que puede comenzar la limpieza. Algo hizo, evaluó Mujica al terminar su gobierno, aunque todavía falta mucho.

En esa estrategia de generar certezas para lograr continuidad, Mujica tampoco confrontó demasiado con los grandes capitalistas ni con los medios de comunicación masivos, como la televisión. No adoptó el camino seguido por algunos de sus colegas en América Latina, como Chávez, Evo Morales o Rafael Correa. Los tres principales canales de televisión abierta eran los mismos cuando él asumió como presidente que cuando le pasó la banda presidencial a su sucesor. Y ningún inversor importante en Uruguay decidió abandonar sus negocios debido a la Presidencia de Mujica. Todos confiaron y él, en lugar de expropiar sus negocios como ocurrió en otros lugares del continente, aplicó la "táctica de la sífilis" como forma de mantenerlos.

> *Para las sociedades anónimas igual que para los grandes capitalistas tengo la táctica de la sífilis. La sífilis no mata a la víctima porque si lo hace, no tiene de dónde comer. Si yo les saco todo o los corro de Uruguay, después no hay nadie que ponga plata. ¿Y quién me dice que nosotros vamos a manejar mejor esas cosas que ellos? Mirá lo que pasó en Venezuela. Les expropiaron todo y ahora están peor. No me jodááás.*

Con los tres canales uruguayos de televisión abierta tuvo una relación que osciló entre el amor y el odio. Siempre los consideró opositores a su incursión en el poder, pero mantuvo un diálogo muy fluido con periodistas y acaparó minutos en los informativos. Pocas veces dijo que no ante un pedido de entrevista. Sabía que la televisión es lo que mira la mayoría de la población e intentó aprovecharlo.

Se enfrentó a una disyuntiva importante acerca de qué hacer con la asignación de los canales de televisión comerciales. Le pedían que interviniera, que se los sacara a los dueños que se habían mantenido por décadas, que diera un golpe. No lo hizo. Sumó dos nuevos canales para que tuvieran más competencia y poca cosa más. Lo pensó mucho y concluyó que ese era el mejor camino. "Por más que digan lo que digan, miren que yo hago las cosas por algo, no soy un presidente al pedo", se justificó en la intimidad ante las críticas.

> *Me metí en un lío brutal con la ley de medios. El problema es que la torta publicitaria es la misma y si la divido mucho termino con todos fundidos. La izquierda me pide que mate a las familias que están en los canales de televisión. Pero ¿cómo hago para matarlas? ¿Y quiénes vienen después? Tengo que darle muchas vueltas a eso.*
>
> *Yo sé lo que han hecho esas familias, pero tampoco puedo abrir la puerta a los canales de afuera. Los de acá son malos pero por lo menos son de acá. Donde abras la puerta, se te cuelan extranjeros por todos lados. Mi idea es tener a nuestros oligarcas. Capaz que adjudicamos un canal y después se lo venden a* Clarín, O Globo, *el mexicano Slim o al que sea. No quiero que ellos dominen la cosa.*

Igual a los canales de acá les puse competencia local, dos canales nuevos. No deben de estar nada contentos pero la tarea de gobernar implica tener amigos y enemigos.

En ese manejo de los equilibrios alrededor del poder, Mujica también fue especialmente cuidadoso a la hora de tener que despedir a algunos de los jerarcas de su gobierno. Preparó con tiempo los relevos, los fue meditando durante semanas, y a veces meses. No fueron muchos los destituidos y buscó que los cambios estuvieran más que justificados.

"Le cuesta arrancar cabezas. Siente un poco de culpa, no es un buen cirujano", nos dijo una de las personas que trabajó a su lado durante los cinco años de gobierno. Más de la mitad de los jerarcas sustituidos fueron de su propio sector político. Eso también prueba que le costó meterse con lo ajeno. Por temor, por cuidado, por el motivo que fuera, lo cierto es que lo hizo muy pocas veces.

Un ejemplo de su proceder en estos temas fue cuando en abril de 2011, en la residencia de Anchorena, nos contó una serie de irregularidades en los hospitales públicos. Funcionarios que marcaban tarjeta y no trabajaban, sindicalistas que elegían a sus amigos en las licitaciones, de todo un poco. Nada con pruebas concretas, pero los informantes de Mujica eran confiables. Sin embargo, dejó pasar un año antes de despedir a algunos de esos jerarcas y los problemas se arrastraron durante más de la mitad de su gobierno.

Su justificación en las demoras para relevar a los que no obtenían los resultados esperados era su propio partido político, el Frente Amplio, y los equilibrios internos. "Esto debería ser como un director técnico de fútbol: el que no tiene buenos resultados para afuera y sin chistar", decía. Fueron muy pocas las veces que aplicó esa filosofía.

Eso sí, nunca se guardó sus intenciones. Muchos gobernantes se enteraron por los medios de comunicación de que el presidente quería sustituirlos. Así pasó con los dos principales de la educación pública, y también con algunos ministros. Impulsivo y un poco irrespetuoso, nunca cambió su forma de proceder. Después tenía reuniones con los involucrados o se encargaba personalmente de escribir comunicados o convocar a conferencias de prensa para salvarlos o despedirlos. Nadie estaba del todo seguro.

En uno de los momentos de mayor tensión con Argentina, cuando tenía que resolver si autorizaba a la empresa finlandesa de pasta de celulosa UPM una mayor producción, por más que el gobierno de Cristina Fernández de Kirchner se opusiera radicalmente, convocó a su oficina en el piso 11 de la Torre Ejecutiva a parte de su plana mayor: el canciller Luis Almagro, el vicecanciller Luis Porto, el secretario de la Presidencia Homero Guerrero, el subsecretario Diego Cánepa y el embajador de

Uruguay en Argentina Guillermo Pomi. Quería escuchar la opinión de todos. Después de una ronda completa, en la que solo Cánepa se mostró favorable a darle la autorización a la empresa extranjera en forma inmediata, sin esperar las elecciones en Argentina dos meses después, Mujica gritó: "¡Están todos despedidos, no los quiero ver más!". Algunos se sonrieron y entonces el presidente lo repitió, pero más fuerte.

Los jerarcas se pararon al mismo tiempo y se fueron a la otra punta del piso 11, al despacho de Cánepa. "Tenemos que empezar a redactar las renuncias", dijo uno de ellos. Todos coincidieron. Luego vinieron las especulaciones sobre los motivos de una medida tan drástica. "Es una señal para Argentina", dijo uno. "Quiere reorganizar su Gabinete en la última parte del gobierno", especuló otro.

"Los llama el presidente", les informó María Minacapilli, la secretaria de Mujica, cuando ya habían pasado cuarenta minutos. Volvieron a ingresar a su despacho. El presidente estaba leyendo unos papeles y apenas levantó la vista. "Ya autoricé. Vuelvan a sus cosas", fue lo único que les dijo Mujica con una sonrisa. Luego se encargó él en persona de comunicarle la decisión a favor de la empresa UPM a Cristina Fernández, durante una visita que realizó al puerto de Buenos Aires.

Asumir el protagonismo individual en lo internacional fue otra de las armas que utilizó Mujica para luchar contra los que querían debilitarlo. Después de su discurso durante la reunión del grupo Río+20 en junio de 2012, en Brasil, Mujica se dio cuenta de que el mundo estaba necesitado de líderes que dijeran cosas distintas, en un momento de política devaluada, y ocupó rápidamente ese lugar.

Cuando Julian Assange, fundador de WikiLeaks, resolvió difundir los archivos secretos diplomáticos de Estados Unidos, a los que había accedido, eligió cinco medios de prensa del mundo: *El País* de España, *Le Monde Diplomatique* de Francia, *The Guardian* de Inglaterra, *The New York Times* de Estados Unidos y *Der Spiegel* de Alemania. Optó por ellos por su circulación y prestigio a nivel mundial, después de un largo análisis. Y eligió bien. Sus revelaciones llegaron hasta el último rincón del planeta.

Además de WikiLeaks, tienen algo más en común esos cinco medios: todos hicieron entrevistas y luego informes sobre *el presidente más pobre del mundo*. También hablaron de Mujica otros que quedaron afuera de la lista de Assange, con igual o mayor prestigio mundial, como la revista inglesa *The Economist*, el diario norteamericano *The Washington Post*, los italianos *Corriere della Sera* y *La Repubblica* o la cadena de noticias inglesa BBC, que fue de las primeras en visitarlo en su chacra de Rincón del Cerro y mostrarlo en la intimidad, atrayendo a una audiencia de cientos de miles alrededor del mundo.

Le siguieron la alemana *Deutsche Welle* y la norteamericana CNN, pero también viajaron a Uruguay para entrevistarlo canales chinos, coreanos, árabes, rusos o australianos. Así fue creciendo la fama internacional de Uruguay y de su presidente. La revista norteamericana *Time* lo eligió entre las 100 personalidades más influyentes del año en 2013 y *The Economist* coronó a Uruguay como el país más destacado de ese año.

Mujica aprovechó esa vidriera internacional a su favor. Elaboró un programa de trabajo y destinó casi todas las mañanas de los miércoles, durante los últimos años de su gobierno, a brindar entrevistas para el extranjero, en momentos en que todos iban detrás de la *oveja negra*. Casi siempre recibía a los periodistas en su casa, con su perra Manuela cerca y con un posterior recorrido por las instalaciones.

—Estás aprovechando como loco la fama.

—*Soy un bicho muy raro internacionalmente y soy consciente de eso. Trato de aprovecharlo para Uruguay, de sacar un beneficio. En todas las cumbres, el que más esperan ahora es mi discurso.*

—La verdad que de los demás no hay mucho que esperar...

—*Cuando vos leés un buen libro, la aventura empieza cuando lo cerraste, porque hay una parte que ponés vos. Te hace pensar. Con los discursos pasa lo mismo. El problema es cuando estás pensando cuándo carajo termina porque no te están diciendo nada. Por la obligación no funciona. El silencio se gana, no te lo regalan. Meté cosas de contenido y vas a ver que te van a dar pelota y te van a atender. Pero si hablás al pedo, la gente no escucha. Si no sabés de algo, no hablés. Es hablar solo para meter la pata.*

—Lo que es hablar, vos hablás por todos lados. Ya son cientos las entrevistas en medios extranjeros, ¿no?

—*Sí, doy una por semana y tengo doscientas pedidas para los últimos meses de gobierno. Es brutal. El tema ahí es que las cosas tienen que tener un poquito de gancho. Yo me pongo del lado del periodista. Siempre hice esas cosas. Los periodistas van a la noticia. Pero hay gente que no lo puede entender o que no le puede dar contenido a nada.*

—En todas las crónicas te han puesto por allá arriba. ¿Cómo convivís con eso?

—*No me creo un genio ni mucho menos. Si diera pelota a lo que dicen no me bancaría nadie. Para mí el genio es 90% sudor. Lo que te da más sabiduría es vivir con todas las ganas y decir lo que pensás. Son muy pocos los políticos que lo hacen. A veces es muy incómodo, pero te puedo asegurar que da muy buenos resultados.*

Primero fueron las condiciones en las que vive y cómo se viste, su forma de ejercer el poder, su filosofía y sus opiniones políticamente incorrectas sobre los temas de interés mundial. Cuando todo eso ya se estaba agotando, surgió un nuevo imán para los medios internacionales: las leyes sociales, como la despenalización del aborto, la habilitación del matrimonio homosexual, y muy especialmente, la regulación por parte del Estado del mercado de la marihuana.

Mujica se imaginó que el tema de la marihuana tendría un impacto mundial, aunque no tanto. Eso sí, cuando llegó el momento, subió al escenario y se colocó bajo la luz de los reflectores para que todos lo miraran. Otra vez, manejó la situación como un especialista en opinión pública y logró superar sus expectativas. Agencias internacionales como la francesa AFP opinaron que, con su estilo de vida y medidas como la de la marihuana, Mujica había logrado poner a Uruguay en el mapa mundial.

La ironía de todo esto es que la regulación de la marihuana por parte del Estado no era algo que le interesara especialmente al inicio de su Presidencia. En abril de 2011, durante el almuerzo que mantuvimos con él en la estancia de Anchorena, restó importancia a los que promovían el autocultivo de las plantas de *cannabis*. "Mirá quá interesante discusión, si tener seis u ocho plantas. Seguro que ahí está el futuro", se burló.

El porro no fue más que un cuento lejano en la vida de Mujica. Nunca lo probó ni tampoco creció en la época del auge del narcotráfico y de la diversificación de las drogas. Pero sabe escuchar, esa es una de sus principales virtudes. Con el transcurso de los meses lo convencieron de que el tema era importante y de alto impacto. Por eso lo aceptó y lo hizo suyo. El impacto siempre fue una de sus tácticas preferidas.

Para mí no es central el tema del matrimonio igualitario y el de la marihuana. La agenda es los ricos y los pobres. Los negros y los homosexuales que tienen problemas son los pobres. Hay que poner en el centro a los que están en el fondo del tarro.

Pero igual son datos de la realidad. Una virtud del político es saber interpretar los tiempos y yo los interpreto con base en la libertad. Nosotros somos liberales en serio. El liberalismo y el anarquismo son primos hermanos. Y quiero que Uruguay se parezca a lo que históricamente fue: un país de vanguardia. Por eso defiendo todas estas reformas sociales.

La habilitación del matrimonio entre homosexuales y la legalización del aborto fueron iniciativas presentadas por la bancada del gobierno, que el sector político de Mujica acompañó y que el presidente aplaudió desde el Poder Ejecutivo. Pero el tema de la marihuana fue distinto. Ese proyecto fue con la firma del presidente, que eligió pasar de la burla a la acción.

El hombre fundamental en esa modificación de postura fue su amigo, el Ñato Fernández Huidobro. Lo convenció de la importancia de promover un cambio en el combate al narcotráfico ante los malos resultados. Fue a mediados de 2012, en tiempos en los que aumentaban los delitos. El punto de quiebre resultó ser el asesinato a sangre fría cometido por un menor de edad al empleado en una pizzería, registrado en las cámaras de seguridad y transmitido por todos los canales de televisión. Los uruguayos estaban indignados. Algo había que hacer.

Así surgió el proyecto de regulación de la marihuana, en medio de otra cantidad de medidas para combatir la inseguridad. Eran seis, pero la regulación del mercado de *cannabis* es la única que todos recuerdan y que recorrió el mundo.

> *Lo de la marihuana reventó a nivel internacional. No sé si dará resultados pero el problema es que lo que estamos haciendo hasta ahora contra el narcotráfico no sirve. Vamos a cambiar de literatura porque así no va la cosa. Tenemos que ser realistas: es un tema económico. El narcotráfico nos rompió los códigos y destrozó la cultura delictiva. Yo estuve preso en Punta Carretas y conviví con delincuentes y decir que los delincuentes de antes no tenían valores no es cierto.*
>
> *Lo peor de la droga es el negocio. No me importa bancar a 50.000 adictos enfermos; el problema es bancar el narcotráfico. Están destruyendo muchas cosas en la sociedad. Y el narcotráfico vive y factura también mucho más gracias a la represión. Esa es la lógica que hay que cambiar.*

Como sustento teórico, Mujica recurrió a Milton Friedman, uno de los principales defensores del libre mercado y del liberalismo económico. Friedman, el mismo que representó durante años lo que Mujica combatió hasta con las armas y que fue sustento económico de los militares. Ese Friedman fue quien mejor explicó, a principios de los 80, los beneficios de liberalizar las drogas.

> *Hay que robarle el mercado a la droga, decía Friedman. A los narcotraficantes los matás solo así. En el fondo fue Friedman quien anticipó todo esto. Es increíble cómo la Historia genera esas coincidencias. Él fue el primero que vio que el de las drogas es un tema económico. El riesgo es muy alto y por eso en cada una de las etapas del narcotráfico las ganancias son brutales. Están todas las leyes básicas de la economía: a más riesgo, más ganancias. Las enormes tasas de ganancias generan coimas y corrupción. En muchos países han comprado jueces y generales y elegido presidentes. Tienen ajuste de cuentas también. No se va a un abogado a litigar: es a los tiros.*
>
> *Además, cuando se entra a ese mundo, difícilmente se sale. Empieza a generar una serie de pactos de silencio y omertà. Mucho peor que la droga es el narcotráfico. Las cárceles están llenas de narcotraficantes en todo el mundo. En Uruguay, uno de cada tres presos está relacionado con la droga. Para combatir la violencia y el delito, primero hay que encontrar una solución al narcotráfico.*

El Parlamento le hizo modificaciones al proyecto original del Poder Ejecutivo y Mujica no quedó conforme con los resultados. “Lo que están votando es muy de soñador”, nos dijo la misma mañana en que la Cámara de Diputados estaba sancionado la ley sobre la marihuana. “Regular es regular en serio”, nos advirtió.

Por eso preparó una reglamentación de la norma muy restrictiva. Daba la sensación de que no estaba convencido del paso que estaba dando. “Es un experimento”, repetía por todos lados. Le daba vueltas y vueltas y hasta evaluó poner a los militares a hacer el trabajo de plantación y custodia, para dar una señal de seriedad. No lo hizo, pero advirtió hasta el cansancio que lo aprobado no era un “viva la Pepa”.

Distintos países del mundo empezaron a interesarse por lo que ocurriría en Uruguay. Además de los periodistas, Mujica recibía consultas de gobernantes de otros continentes. “El mundo va hacia lo que está haciendo Uruguay”, concluyó cerca del final de su mandato. Su pronóstico fue una humanidad con drogas regularizadas en menos de medio siglo.

Quedará para que lo responda la Historia. Si se cumple la profecía, será una cocarda más para la *oveja negra*.

Mujica también recurrió a su fama internacional para ofrecerse como mediador en los conflictos continentales. Trabajó en forma insistente con el objetivo de asumir un liderazgo regional.

Empezó a concretar ese camino en Cuba, durante una visita oficial en julio de 2013. Ya había iniciado su tarea de canciller de las buenas intenciones meses antes, al visitar al papa Francisco en el Vaticano y pedirle que trabajara por la paz en Colombia, pero durante el viaje que hizo a La Habana mantuvo una reunión en secreto con representantes de las Fuerzas Armadas Revolucionarias de Colombia (FARC), que se encontraban negociando en la capital cubana una tregua con el gobierno de su país, encabezado por Juan Manuel Santos.

Nosotros estábamos ahí, en la puerta de la residencia temporal de Mujica en La Habana, y vimos llegar a los líderes guerrilleros. Un golpe de suerte, no se podía creer. Su encargado de prensa, Joaquín Constanzo, nos transmitió que la intención del presidente era no dar difusión a la reunión. Demasiado tarde. De vuelta en Montevideo, Mujica nos convocó a su chacra y nos dijo: "Si lo vieron, publíquenlo, pero que quede claro que no fue porque yo se lo informé". Todavía tenía que hablar con Santos y por eso prefería que la mediación se mantuviera en secreto. Santos se reunió con él unos meses después en Nueva York y le agradeció su tarea. Luego Mujica volvió a reunirse con los guerrilleros en La Habana, y semanas después, otra vez con Santos, durante una cumbre presidencial en Brasilia. A los comandantes guerrilleros trató de convencerlos de que un acuerdo de paz era el camino más beneficioso para ellos. "Yo estoy aquí por haber cedido a tiempo", argumentó. También hubo varias reuniones en secreto entre el embajador uruguayo en La Habana y los representantes de las FARC, que negociaban con el gobierno colombiano en esa ciudad, y entre otros emisarios.

Gracias a la mediación con los colombianos, Mujica quedó posicionado como un líder regional. "Una jugada bien tupa", nos dijo uno de sus hermanos de armas durante los 60. Así surgieron después otras posibilidades a nivel internacional y un importante acercamiento con Estados Unidos.

Meses después, Mujica se ofreció a participar como mediador en Venezuela, en el peor momento entre el gobierno de Nicolás Maduro y la oposición, pero no lo dejaron. Maduro entendía que si aceptaba, legitimaba a la oposición y Mujica quedaba como neutral, cuando prefería tenerlo de su lado. Se lo mandó decir expresamente por intermedio de su canciller del momento, Elías Jaua, que viajó a Montevideo para explicar las razones por las que el gobierno venezolano no aceptaba la mediación.

Su apuesta más grande fue acercar a Cuba con Estados Unidos. Evaluó que, después de cincuenta años de enfrentamientos, eso era posible. Lo vio o se lo hicieron ver. Cuando en julio de 2013 visitó a Fidel Castro en su casa, ambos analizaron esa posibilidad. Mujica se dio cuenta de que los hermanos Castro estaban más abiertos a un acuerdo. El régimen comunista de la isla caribeña estaba muy desmejorado y cada vez más solitario. Buscar acercamientos con el mundo exterior era un camino de salida posible.

"Este es el momento", pensó. Así comenzó a preparar un viaje a Washington para reunirse con el presidente Barack Obama, en su oficina. Un exguerrillero latinoamericano en el Salón Oval de la Casa Blanca, el primero en la historia: qué mejor oportunidad que esa para procurar algo importante. Contaba además con la ventaja de que Obama lo había posicionado como un referente regional.

Mujica lo visitó en mayo de 2014 y unos meses antes resolvió, a pedido de Estados Unidos, recibir en Uruguay a seis presos de la cárcel de Guantánamo, un centro de reclusión norteamericano en suelo cubano en el que se encontraban los acusados de formar parte de grupos terroristas. El lugar había sido creado por George W. Bush y Obama quería cerrarlo.

Aceptó la propuesta luego de enviar a personas de su confianza a visitar la cárcel. Demoró unas semanas en dar el sí a Estados Unidos, aunque desde un primer momento sabía que lo haría. Al justificar su respuesta, argumentó motivos humanitarios y recordó su pasado en la cárcel. La jugada era mucho más ambiciosa.

> *Obama está desesperado por esto de Guantánamo y se merece ayuda. A un tipo que se ha comido catorce años en cana seguramente de garrón, sería un hijo de puta si no le doy una mano. Bush llegó a pagar miles de dólares por los que entregaran a supuestos terroristas. En Pakistán y en esos lados vendieron hasta a la madre*

y todos marcharon para Guantánamo. Hay que sacar a esos tipos de ahí. Al único que consulté fue a Raúl Castro y me dijo que le diera para adelante. Voy a aceptar sin cobrar nada a cambio, pero voy a mandar el mensaje de que sería bueno que se acordara de los cubanos y que flexibilizara un poco la cosa.

La de Guantánamo fue una bomba noticiosa que Mujica nos adelantó en una de nuestras charlas, justo antes de terminar la segunda botella de vino y cuando se acercaba la medianoche. La excitación nos sacó el mareo. Sonreímos satisfechos al imaginar lo que se venía. Fue difícil que contara algo más que los titulares. Insistimos una, dos, tres veces, pero sin resultado. Permaneció en silencio. Cambió de tema y se sirvió otra copa. A la hora volvimos sobre el punto y volvió a esquivarnos.

—Investiguen, que para eso son periodistas.

—¿Pero ya es un hecho lo de Guantánamo?

—Averigüen. Está cerca de concretarse y ya hay gente en los dos gobiernos que lo sabe.

—¿Y lo de Cuba?

—Eso va a quedar para los libros de Historia.

La información sobre Guantánamo la confirmamos y a los pocos días la publicamos. En cuanto a lo de Cuba, supimos que Obama le dijo que estaba dispuesto a conversar con Raúl Castro y que él se lo transmitió al presidente cubano. "Dígale a su amigo que este es el momento para buscar un arreglo", le comentó Obama a Mujica en el Salón Oval de la Casa Blanca. Semanas después, Mujica se lo trasladó personalmente a Castro, cuando coincidieron en una cumbre en Santa Cruz de la Sierra, Bolivia. El 17 de diciembre de 2014, Obama y Castro anunciaron en público el restablecimiento de las relaciones diplomáticas entre Estados Unidos y Cuba, luego de más de medio siglo de ruptura. Mujica recibió el agradecimiento de ambos gobiernos y reivindicó su aporte al proceso de paz. Sobre si tuvo un rol central o secundario, poco se supo.

Lo que sí se dijo fue que esa postura internacional de mediador que adoptó Mujica fue para intentar que le dieran el Premio Nobel de la Paz.

> *Existe un razonamiento rebuscado de que todo lo que se hace es por una finalidad extra y no por convencimiento íntimo de que algo se debe hacer. Todas las cosas se interpretan como logros prefabricados y no se entienden los principios de que la paz siempre beneficia, de que se debe negociar para lograrla, de que bajar tensiones debe ser la línea general y también el diálogo permanente, sobre todo con los fuertes. No es pragmatismo, sino un camino más suave tácticamente, para no aislarse y poder sumar fuerzas hacia lo estratégico.*

Estuvo nominado dos veces para el Premio Nobel: en 2013 y 2014. El primer año lo postuló Mijail Gorbachov, y el segundo, cuando su proyección era mucho más grande, fueron varios políticos y académicos de distintos países que lo presentaron. Fueron sus dos años más intensos a nivel internacional.

Al principio no le dio trascendencia a la posibilidad de obtener el premio: le pareció algo imposible. Sin embargo, en 2013 quedó entre los diez finalistas y se llevó una grata sorpresa. Para el segundo año ya había muchos que hablaban de él como posible ganador. Incluso la cadena de noticias BBC difundió un artículo con el título "¿Un premio Nobel de la paz para Mujica?", cuatro meses antes de que se supiera el ganador.

A semanas de que se conociera públicamente el elegido por el Comité Nobel de Oslo, Mujica anunció públicamente que tenía pensado renunciar a ese galardón si lo recibía. Antes, solo el filósofo francés Jean Paul Sartre y el exprimer ministro vietnamita Le Duc Tho habían desistido de recibirlo. Él lo sabía y le interesaba ser el tercero. "El mundo no está para premios por la paz", fue su argumento. "Ya sabía que no lo iba a ganar", le cuestionaron sus opositores. "No se lo dieron por eso", argumentaron sus fieles. Lo que quedó fue la duda, un ingrediente que Mujica siempre utilizó en sus mejores jugadas.

9

El testigo

George W. Bush es como un gran cartel de neón en cualquier publicación de Historia reciente. Más odiado que amado, especialmente en América Latina, Medio Oriente y parte de Europa, nunca pasa desapercibido. Comparado con el diablo por algunos o con un mesías que separó a los buenos de los malos por otros, fue protagonista de los convulsionados primeros años del siglo XXI.

En uno de sus momentos de mayor exposición internacional, con el venezolano Hugo Chávez como su enemigo más radical en América Latina, Bush visitó Uruguay por dos días con una importante comitiva de su gobierno. El presidente era Tabaré Vázquez y lo esperó en la estancia de Anchorena, con sus principales ministros. Mujica, a cargo del Ministerio de Ganadería, Agricultura y Pesca, integraba el comité de bienvenida.

Cuando llegó el presidente norteamericano a Anchorena, Vázquez aguardaba junto a parte de su Gabinete de pie, en la puerta principal de la residencia. Bush primero dio un abrazo a Vázquez, palmeándole la espalda, y luego se acercó a Mujica, que estaba a unos metros de distancia. Al acercarse a su cara, le tomó las dos mejillas y le agradeció al oído su presencia, recordándole su pasado guerrillero. Mujica sonrió.

Después de la reunión se fue a su chacra de Rincón del Cerro y recibió a los canales de televisión, que lo filmaron manejando su tractor, con su rostro consternado. Definió el encuentro con Bush como un "trago amargo" aunque necesario, con el objetivo de no distanciarse mucho de los sectores más izquierdistas, que serían sus aliados para las próximas elecciones.

Pero el gesto de Bush le quedó grabado. Le llamó la atención que toda la delegación norteamericana supiera sobre su vida. "Sabían todo, hasta que podía llegar a ser el próximo presidente", nos dijo años después de ese almuerzo, que hasta generó protestas protagonizadas por Chávez y Evo Morales en Buenos Aires. También le sorprendió un detalle no menor para él: que Bush no acompañara con una copa de vino el corderito de cabeza negra a las brasas que le ofrecieron como menú. "¡Hay que comer esa carne con Coca-Cola! No se puede creer", se quejó, tal vez sin percatarse de la condición de alcohólico del entonces presidente de Estados Unidos.

El interés en Mujica fuera de fronteras que había puesto de manifiesto Bush se hizo mucho más creciente cuando fue presidente. En los cinco años en los que ocupó ese lugar, se transformó en confidente de los líderes regionales y compartió la mesa con las principales figuras mundiales.

Solo en 2013 y 2014 mantuvo entrevistas con el papa Francisco, Barack Obama, Vladimir Putin, Xi Jinping, Fidel Castro y los referentes de América Latina. En ninguno de los casos faltaron las confidencias, las sesiones de fotos y los halagos. No fue un presidente más en la lista de saludos protocolares, pese a pertenecer a un país con apenas tres millones de habitantes y más chico que una provincia promedio argentina o un estado brasileño.

Quizá esa pequeñez le jugó a su favor. Muchas veces funcionó como el respiro de unos segundos que algunos de los responsables de las grandes potencias deseaban tener en mitad del camino. Ofreció su oído y su consejo a todos ellos y comprendió de esa forma lo complicado que es gobernar a millones en momentos de tensiones constantes, sin siquiera una "guerra fría" que ordene un poco la disputa.

Chávez, uno de los líderes regionales más cercanos a Mujica, le contó que cuando Venezuela tuvo un conflicto importante con los colombianos por un motivo limítrofe, Putin se ofreció a ayudarlo.

Rusia era uno de los principales abastecedores de armas de Venezuela y Putin le detalló a Chávez todo el arsenal con el que contaban los colombianos, especialmente los más de doscientos helicópteros de guerra, y cuál era la mejor forma de contrarrestarlo. "Cuente con mi asesoramiento para lo que necesite", le dijo y acto seguido le recomendó las adquisiciones que debería hacer el gobierno venezolano para un eventual conflicto armado, que al final no ocurrió.

Putin sabía al detalle cuáles eran los posibles aliados de Chávez, la cercanía de Colombia con Estados Unidos y lo que un enfrentamiento entre ambos países podía generar en el continente y en el mundo. "Los servicios rusos son de los mejores del mundo y están interesados en América Latina", nos contó Mujica años después, todavía con sorpresa.

Y para entender cómo manejar esa proyección mundial e importancia estratégica de América Latina, siempre recurrió a otro de sus grandes amigos en la política internacional: Luiz Inácio *Lula* da Silva. Él fue un modelo, uno de sus faros.

Mujica ve a Brasil como el país más importante de América del Sur, con las características de un continente. Su opinión es que debería estar a la vanguardia y liderar la unión regional. Gobernar ese gigante es una tarea digna de ser observada con atención.

Brasil es, además, un país en el que la corrupción está incorporada. Siempre fue de esa manera, por más que cambien los partidos en el poder. Ninguno pudo terminar con ciertos políticos y empresarios que se mueven con base en esas prácticas. Las denuncias ocasionaron manchas a todos los gobiernos, incluidos los de Lula y Dilma Rousseff, que tuvieron que sustituir a varios ministros por esos motivos.

Lula tuvo que enfrentar uno de los escándalos más grandes de la historia reciente de Brasil: el *mensalão*, una mensualidad que cobraban algunos parlamentarios para aprobar los proyectos más importantes del Poder Ejecutivo. Compra de votos, uno de los mecanismos más viejos de la política. Hasta José Dirceu, uno de los principales asesores de Lula, terminó procesado por ese caso.

"Lula no es un corrupto como sí lo era Collor de Mello y otros expresidentes brasileños", nos dijo Mujica al referirse al caso. Contó, además, que Lula vivió todo ese episodio con angustia y con un poco de culpa. "En este mundo he tenido que lidiar con muchas cosas inmorales, chantajes", les dijo Lula apesadumbrado a Mujica y a Astori, unas semanas antes de que asumieran el gobierno de Uruguay. "Esa era la única forma de gobernar Brasil", se justificó. Habían ido a visitarlo a Brasilia y Lula sintió la necesidad de aclarar la situación. "El *mensalão* también es este país, todo es a lo grande", reflexionó.

"El *mensalão* es más viejo que el agujero del mate", opina Mujica. Grandes políticos de la Historia debieron recurrir a mecanismos similares. "A veces, ese es el precio infame de las grandes obras", argumentó mientras recordaba a Abraham Lincoln, justo en los días en que se había estrenado la película de Steven Spielberg sobre la vida del presidente norteamericano, en la que se mostraba cómo tenía que entregar a los diputados algo a cambio para que votaran sus proyectos.

Lula es una figura recurrente en las conversaciones con Mujica. Lo admira profundamente. "Un petiso bárbaro", es su definición del primer presidente brasileño del Partido de los Trabajadores. Los cinco años en los que Mujica se desempeñó como jefe de Estado siempre estuvo Lula pronto para ofrecer un consejo o pedirlo.

Así fue cómo Mujica supo que Dilma Rousseff sería la candidata de Lula mucho antes de que se hiciera público. También, que después apoyaría su reelección. Entendió perfectamente esa jugada. Lula prefería ser el poder en las sombras y, después del *mensalão*, no quedar demasiado expuesto.

A Dilma "la inventó él", recuerda Mujica y desarrolla sus ideas sobre la importancia de Brasil en la región. Hablar de Brasil con Mujica es abrir una puerta por la que van a salir largas reflexiones sobre el futuro del mundo y sobre el posicionamiento internacional de Uruguay.

Y Dilma cumple para Mujica una condición importante para llevar adelante a ese país: es muy buena administradora y mejor técnica que Lula. Dilma le dijo desde un primer momento que ambos tenían que hablar cada tres o cuatro meses para acelerar los acuerdos bilaterales. Las dos prioridades que puso de ayuda externa fueron Cuba y Uruguay, y así se lo dijo a los presidentes de ambos países.

Mujica recuerda que, a mediados de su gobierno, Uruguay tenía problemas para acordar un intercambio energético con Brasil. A nivel político había acuerdo pero los técnicos se resistían. "Es todo burocracia", se quejó Lula, y le recomendó hablar con Dilma. La presidenta brasileña aprovechó una visita de Mujica a Brasil para rezongar enérgicamente a su ministro de Energía delante de la delegación uruguaya. El problema se solucionó menos de una semana después.

"Viejo sabio del sur", bautizó Dilma a Mujica después de años de compartir reuniones, cumbres y charlas informales. "Se me pone la piel de gallina cada vez que lo escucho", repetía. Y fue la madrina de uno de sus principales proyectos a mediano plazo: un puerto de aguas profundas en el departamento de Rocha, al este de Uruguay y sobre el océano Atlántico.

Mujica apostó a ese puerto como "la mejor jugada de política exterior" de su gobierno y eligió a Brasil como aliado. Mediante un acuerdo con el gobierno de Dilma, procuró asegurarse a largo plazo la construcción de esa gran terminal marítima de carga y de esa forma acercar a varios países de la región con Uruguay y favorecer a todo el Mercosur.

Durante el último año de la Presidencia de Mujica, hubo elecciones en Brasil. Mujica deseaba profundamente que Dilma fuera reelecta, como al final ocurrió. Lula lo vino a visitar a Montevideo a principios de 2014, cuando tanto en Brasil como en Uruguay se iniciaba la campaña electoral.

Hablaron del futuro de ambos. Tuvieron una noche de copas en Rincón del Cerro, que se prolongó por horas. Lula le recomendó que asumiera un liderazgo regional por su buena proyección internacional. Le tenía reservado el papel de articulador del continente. Lo convenció de que ese lugar era para él porque Uruguay es un país pequeño.

> *Me tiene mucho aprecio y yo también se lo tengo a él. Es de los tipos más brillantes que andan en la vuelta en América Latina y de los líderes internacionales que más escucho. No quiere agarrar él la manija regional por ser brasilero. A Brasil siempre lo van a acusar de imperialista. Por eso me lo pidió a mí. Nadie va a desconfiar de un uruguayo, no todavía por lo menos.*

Durante la cena en Rincón del Cerro, Lula consideró probable que ganara Dilma en Brasil y Tabaré Vázquez en Uruguay y le contó una anécdota. "Cuando yo era presidente y decidí apoyar a Dilma, me decían que no me metiera en la campaña electoral. Entonces, yo hablaba de mañana, de tarde y de noche y dio resultado. Vos tenés que hacer lo mismo", le dijo y lo convenció, una vez más.

—¿Hablaste de la situación argentina también?

—*Claro que hablé de Argentina. Siempre hablo de Argentina con los brasileños. Ellos tienen muy claros los problemas de Argentina y cómo nos afectan a nosotros.*

Pero también saben que la necesitan, que no pueden ir al mundo solos.

—Y nosotros siempre quedamos en el medio de los dos, mientras ellos arreglan.

—Pero son países muy diferentes. Brasil tiene mucha más potencialidad, es el gran país de América Latina. Argentina acompaña, tiene una riqueza brutal, pero el problema que tiene es hijo de su historia.

—No vale porque eso no se soluciona nunca.

—¿Y qué voy a hacer? Así ha sido a lo largo de toda la historia uruguaya. Pero yo sé que no podemos estar peleados porque nos va muy mal. Ni con Brasil ni mucho menos con Argentina. Por eso he soportado cada cosa que no se puede creer. Me tengo que estar aguantando, pero creo que vale la pena. Me lo van a agradecer.

Así pensaba Mujica en la segunda mitad de su Presidencia. Idas y venidas, peleas y reconciliaciones, halagos e insultos, de todo hubo entre Mujica y la presidenta argentina durante su período de gobierno: Cristina Fernández de Kirchner. Una mujer inteligente para él, pero complicada, como muchos argentinos.

Una política astuta también. Mujica sabía que Cristina iba a ser reelecta por una diferencia importante, como ocurrió en 2011, y lo decía cuando todos dudaban de su apoyo popular. El motivo que aducía era muy simple: no había nadie en Argentina que pudiera sustituirla.

Cuando en octubre de 2010 falleció Néstor Kirchner, Mujica viajó a Buenos Aires para participar en el velorio del expresidente y volvió muy sorprendido. Ahí estaba pasando algo importante, mucho más importante que la puesta en escena que habían montado para la ceremonia fúnebre. Mujica se dio cuenta de que lo que habían construido los Kirchner era muy sólido y duradero.

> *Se llevaron una sorpresa con la muerte de Kirchner. Había armado una barra de gurises de la puta madre que los parió. Hasta te produce envidia, con todas las cosas jodidas que tienen también. La Cámpora es un montón de cuevas que están por ahí. Son profesionales de la política, pero hacen un uso del Estado escandaloso. Están en todos lados, en todas las empresas públicas. Saben usar el poder del Estado y no los van a sacar de un día para el otro.*

Cuando Cristina fue reelecta, se sumaron nuevos problemas. A Mujica le costó entenderlo, pero a mediados de 2012 llegó a la conclusión de que el conflicto era la única manera de relacionarse con el gobierno argentino. De la misma forma que se le iluminaba el rostro cuando hablaba de Brasil, al analizar el tema argentino las palabras desaparecían y dominaba un incómodo silencio. Lo único a lo que se refería era al esfuerzo que tenía que hacer para no generar más problemas.

"El tema es que si no me censuro, me va a salir todo el veneno junto y eso no le conviene a los uruguayos", insistía una y otra vez. Además, sabía que su popularidad en Argentina era elevada y que por eso siempre lo iban a escuchar con atención.

Tanto se reprimió y buscó ocultar lo que era un pensamiento cotidiano que un día no se dio cuenta de que había un micrófono encendido cerca de él mientras hablaba con un intendente del interior del país y ocurrió lo obvio. "Esa vieja es peor que el tuerto", le dijo al jefe comunal Carlos Enciso en referencia a Cristina Fernández y a su esposo muerto y, culpa al micrófono indiscreto, todos lo escucharon.

El escándalo se instaló minutos después. Internet y las redes sociales generan una inmediatez que Mujica no entiende. Cuando estaba retornando en auto a Montevideo del acto en el que cometió el desliz, en el departamento de Florida, a cien kilómetros de la capital, los asesores le avisaron que su diálogo con Enciso se había hecho público y, mientras él evaluaba el impacto que podía tener y cuántas personas podrían escucharlo, la noticia ya estaba en todos los portales de Uruguay y Argentina.

"La cagué. La puta madre, la cagué", repitió varias veces al llegar a Montevideo y enterarse de las repercusiones. Esperó unos días a que pasara la tormenta y buscó la forma de reponer, aunque fuera en parte, el daño cometido.

En la cocina de su chacra, con una cuadernola y una birome barata, escribió una carta, una semana después, pidiendo disculpas a Cristina Fernández. Nos recibió cuando la estaba terminando y se mostró orgulloso de su trabajo. Utilizar las mejores palabras, pensar cada frase, esas eran tareas que disfrutaba especialmente.

Sabía que nada volvería a ser igual, aunque Cristina lo perdonó en público y le quitó trascendencia al episodio. Como señal, lo invitó semanas después a viajar con ella en el avión presidencial argentino al velorio de Hugo Chávez. Pero la relación ya era distinta. Casi no hablaron durante las ocho horas que separan a Buenos Aires de Caracas.

Quizá el momento de mayor tensión entre Mujica y Cristina se registró al año siguiente, el 30 de setiembre de 2013, cuando ambos concurrieron a la inauguración del nuevo barco del empresario Juan Carlos López Mena. En ese momento, Uruguay estaba por autorizar una mayor producción a la empresa finlandesa de pasta de celulosa UPM, y el gobierno argentino se oponía.

Al comenzar la ceremonia, Mujica y Cristina contemplaron juntos la botella de *champagne* que reventó contra la proa del buque *Francisco papa*, en homenaje al sumo pontífice. El líquido burbujeante expandió su aroma por el ambiente y salpicó cerca de donde estaban ubicados los presidentes, pero no pudo contagiar el clima festivo. Unos minutos más tarde, lo único que faltó fue que se quebrara algún vidrio, pero no como símbolo de festejo.

"¡No te banco más! ¡Me tenés podrido!", le gritó Mujica a Cristina. Dos veces repitió la recriminación, generando mucho nerviosismo en los representantes de los dos gobiernos que participaban en la reunión. Tanto la presidenta como el canciller argentino argumentaban los motivos por los cuales Uruguay no podía habilitar una mayor producción de UPM a dos semanas de las elecciones legislativas en ese país.

"Tenemos elecciones en poco tiempo, Pepe, y no estamos dispuestos a abandonar la lucha contra la contaminación. Es muy importante para nosotros", contestó Cristina, tratando de calmar a un desencajado Mujica. "¡¿Qué te pensás? ¿Que sos la única que tiene elecciones?! Ya está demostrado que lo de la contaminación es una excusa. ¡No te banco una más!", culminó Mujica y se retiró. Luego vino la amenaza de Argentina de recurrir una vez más al Tribunal Internacional de Justicia de La Haya para que dilucidara la disputa, pero todo quedó en nada. Para el gobierno argentino no era conveniente enfrentar en ese momento proselitista a la *oveja negra*.

"Gobernar Argentina es algo que me hubiera gustado", confiesa Mujica al relatar el cariño que recibe a diario de los habitantes de ese país. Y habla de los peronistas, que para él siempre estarán en la cúspide porque podrán perder alguna elección, pero no el manejo del poder.

Los peronistas tienen derecha, izquierda y centro y cuando están en el gobierno están todos peleados entre ellos. El problema es cuando están en la oposición. Ahí están todos juntos y te masacran. La oposición los une. Van a volver a ganar después de Cristina. Dos de sus posibles sucesores, Massa y Scioli, ya vinieron a hablar conmigo. Tengo un desfile importante de argentinos por mi casa y eso hay que mantenerlo, por el bien de Uruguay.

Dos gigantes y tres líderes que marcaron la agenda internacional de Mujica. De un lado, el consejero y amigo Lula y su socia Dilma. Del otro, la bipolaridad, la admiración y los ataques de Cristina. Pero hay otro elemento fundamental para entender cómo se movió Mujica en la región. Un nombre que por momentos eclipsó a los otros: Hugo Chávez.

Chávez fue su amigo. Lo vio crecer como posible candidato presidencial, participó de su asunción como jefe del Estado uruguayo y de su proyección como referente internacional y se murió en uno de los mejores momentos políticos de Mujica. Comulgaron con ideologías distintas, discutieron mucho sobre qué hacer con América Latina, pero en cuestiones más emocionales siempre se entendieron en pocas palabras.

Venezuela es uno de los países "más corruptos del mundo" para Mujica, desde hace muchas décadas. Eso fue lo que gobernó Chávez por casi veinte años. Instaló una especie de autocracia centrada en su figura y eso no va con la *oveja negra*. Mujica igual le reconoce haber disminuido la pobreza y haber logrado una mejor distribución del dinero del petróleo de su país.

Cuando todos empezaron a hablar sobre el cáncer que estaba padeciendo Chávez, su amigo Mujica se mostró optimista. "Es un toro", nos decía. "Lo tocás y es como tocar una pared. Era paracaidista. Tienen una preparación física muy dura".

Pero el toro se fue desmejorando de a poco. Mujica fue cambiando su discurso con el transcurso de los meses. Sabía que la muerte estaba cerca. Hasta lo había hablado con él. Claro que en el proceso de la enfermedad, enfrentó una campaña electoral y ganó las elecciones.

> *Si vos le sacás las elecciones a Chávez no sé lo que pasa. Él revivió para eso. No sé cuánto va a durar y mi temor es qué va a pasar cuando no esté. Ahora lo veo bien y va a ganar, pero después no sé qué va a pasar. Venezuela es un país clave para Estados Unidos y para la región y Chávez es el único que lo puede sostener en este momento.*

Eran tiempos en los que Mujica se mostraba preocupado. Él cree que Chávez lo consideraba un "viejo medio chocho" porque cuestionaba constantemente su idea del socialismo. Igual lo quería y lo respetaba. Esa dualidad entre sentimiento e ideología marcó la relación entre ambos. Tenía muchas ganas de verlo durante sus últimas semanas de vida, cuando todos sabían que le quedaba poco. Pero no pudo. Se mantuvo informado de los detalles a través de Nicolás Maduro, a quien Chávez había elegido como su sucesor. "Un tipo de buen discurso, de buena madera y buena presencia pero que no calza las botas de Chávez".

En los últimos días del comandante bolivariano, Mujica viajó a Venezuela a una ceremonia simbólica de traspaso de mando a Maduro. Hacía semanas que Chávez estaba en La Habana sometiéndose a los últimos tratamientos. Lo fue a buscar Maduro al aeropuerto y viajó desde allí al centro de Caracas con él, en el asiento trasero de un auto oficial.

"Tenés que hacer las elecciones ahora, antes de que se muera Chávez", le recomendó Mujica.

"Fidel y Raúl me dicen lo mismo", respondió Maduro.

"Si las hacés ahora, es imposible que pierdas, pero después andá a saber qué pasa", insistió.

"Lo voy a pensar", consiguió como compromiso.

Maduro no siguió el consejo. Chávez murió a las semanas, en marzo de 2013, y pasaron meses para que se resolviera la convocatoria a las urnas con el objetivo de definir nuevo presidente. Maduro ganó por muy poca diferencia e inició un gobierno muy complicado.

De Chávez quedó el mito. Se transformó en el templo que une a todos los que siguieron disputando su fidelidad. El movimiento solo se explica en torno a su figura y por eso empezó a mostrar fisuras, que derivaron en una crisis política y económica en Venezuela.

El velorio y el entierro de Chávez se transformaron en una peregrinación de millones para ver al líder. Fueron días de catarsis colectiva e idealización de una figura con métodos religiosos. Mujica viajó con Cristina Fernández pero se quedó más tiempo.

> *No es racional lo de Venezuela. Había millones de personas haciendo cola para ver a Chávez muerto. No es ideología, es pasión colectiva. Es como lo de Evita. Con los mitos no se pelea. Pelear con los mitos es como pelear con el viento.*
>
> *Cristina no quería que vieran a Chávez. Lo tenían en un cajón que tenía un cristal y ella se desesperaba para que no lo vieran, pedía que lo cerraran. Estaba mal Cristina, me imagino que por lo del marido. No se quedó ni hasta el final. Disparó. Había que ver lo que era todo aquel pueblerío llorando a su comandante. Inventaron una religión con Chávez. No se discute.*

Maduro no pudo mantener ese caudal electoral y sentimental ni tampoco la inteligencia para manejar un país convulsionado y dividido. Su estrategia fue parecerse lo máximo posible a Chávez. Hasta lo imaginó como un pajarito que hablaba con él para darle consejos. Nunca se separó de su padre creador ni asumió un camino distinto. Intentó ser el continuador de alguien único y eso no funcionó.

El modelo chavista, muy centrado en una persona, se fue agotando lentamente. Los retratos gigantes de Chávez alrededor de toda Venezuela no hacían más que recordar que el generador de amores y odios, pero conductor de cambios constatables, era parte del pasado. Mujica no mantuvo una relación muy cercana con Maduro. Afinidad entre los dos países siguió existiendo, pero Maduro no era su amigo. Y veía el futuro complicado.

—Está muy bravo lo de Venezuela. No tengo ni idea en qué termina todo eso pero cada día que pasa está más claro que Maduro no es Chávez.

—¿Y quién lo eligió a Maduro?

—Es cierto, pero ahí Chávez no calculó lo que se venía. Eso es frecuente en los grandes líderes personalistas. Maduro es buen tipo, pero tiene el síndrome de Chávez. Se puso a hablar y hablar y hablar como Chávez en vez de crear un estilo propio, con otra cosa.

—¿Te parece que es solo Maduro el problema o lo que se viene abajo es la economía que instaló Chávez?

—Hay un problema de política práctica que les cuesta entenderlo. No se pueden confundir deseos con realidad. No sé para qué mierda te ponés a nacionalizar algo que después no podés manejar. Cuando empezamos la relación con

Venezuela, ellos no importaban arroz y de vez en cuando vendían al exterior. Ahora les mandamos barcos llenos de arroz. Fueron para atrás. ¡No se puede creer!

Con el impulso del gobierno de Mujica, pero también del de Dilma y del de Cristina, Venezuela aún gobernada por Chávez ingresó al Mercosur, integrado originalmente por Brasil, Argentina, Uruguay y Paraguay. La buena relación entre los presidentes del bloque tuvo mucho que ver con ese movimiento. Fue una incorporación política, que dejó de lado todas las trancas jurídicas que se habían interpuesto previamente.

Chávez fue fundamental en ese paso. Insistió y sugirió la forma de ingreso a sus colegas de la región, que aceptaron. El Parlamento paraguayo era quien más se resistía a habilitar a Venezuela como miembro pleno del Mercosur, pero Fernando Lugo, presidente de ese país en el momento, habilitó la operación.

A los pocos meses, el Senado paraguayo le hizo un juicio político a Lugo por un incidente en el que murieron decenas de campesinos y lo destituyó. El nuevo Mercosur, que había tenido como aliado al presidente paraguayo a la hora de sumar a Chávez, tomó en respuesta medidas drásticas, de las que nunca antes había tomado con otro país.

Una vez más, primaron las relaciones personales. De cómo se llevan las personas a cargo de los países también se construye la Historia. A veces es más importante una buena sintonía entre un grupo de presidentes que los mecanismos jurídicos que se hayan construido durante años. Y eso fue lo que pasó en el Mercosur.

Paraguay fue suspendido de sus derechos como miembro del Mercosur luego de la destitución de Lugo, en junio de 2012, hasta que no convocara a nuevas elecciones. Mujica no estaba convencido de adoptar ese camino. Siente solidaridad con Paraguay por ser un país pequeño y aislado. Recuerda la Guerra de la Triple Alianza, en la que Brasil, Argentina y Uruguay se unieron contra Paraguay a fines del siglo XIX, y lo destruyeron, transformando a una de las principales economías latinoamericanas del momento en uno de los países más atrasados. Una masacre de la que siente que Uruguay es responsable.

Hubo un episodio que lo convenció de que era necesario votar una sanción. Un intercambio de información que quedó en el más absoluto secreto. Cuando Lugo fue destituido por el Senado paraguayo y antes de que se celebrara la cumbre del Mercosur para resolver las sanciones, una de las personas de mayor confianza de Mujica recibió una llamada de Marco Aurelio García, mano derecha de Dilma.

"Dilma quiere transmitir un mensaje muy importante al presidente Mujica", dijo el funcionario brasileño en una mezcla de portugués y español.

"No hay problema, los ponemos en comunicación a los dos presidentes", fue la respuesta del uruguayo.

"No, no puede haber comunicación ni por teléfono ni por *mail*. Es personalmente", argumentó el brasileño.

Un encuentro tan fugaz y repentino entre presidentes levantaría sospechas, así que el gobierno brasileño resolvió enviar un avión a Montevideo para trasladar al emisario de Mujica a la residencia de Dilma, en Brasilia.

Así se hizo y cuando el jerarca uruguayo llegó, Dilma lo estaba esperando en su escritorio. La charla formal sobre cuestiones generales duró apenas unos minutos, porque no había demasiado tiempo.

"Vamos a lo nuestro", interrumpió Dilma y el emisario tomó una libreta y empezó a anotar lo que informaba la presidenta brasileña. "Sin anotaciones", dijo ella y le hizo romper el papel. "Esta reunión nunca existió".

Durante la charla, Dilma le mostró fotos, grabaciones e informes de los servicios de Inteligencia brasileños, venezolanos y cubanos que registraban cómo fue gestado un "golpe de Estado" a Lugo por un grupo de "mafiosos" que a partir de la caída del presidente asumieron el poder. "Brasil necesita que Paraguay quede afuera del Mercosur para de esa forma apurar las elecciones en ese país", concluyó Dilma.

La semana siguiente, a principios de julio de 2012, todos los presidentes del Mercosur votaban, en una cumbre en la ciudad argentina de Mendoza, la suspensión de Paraguay.

Las elecciones en ese país se celebraron meses después, y Mujica visitó al nuevo presidente y le ofreció que

Paraguay formara parte del puerto de aguas profundas que tenía planificado construir en Uruguay. Algo similar hizo con Bolivia, otro de los países más postergados de América Latina y sin salida al mar.

Bolivia es, además, Evo Morales, uno de los presidentes latinoamericanos que Mujica más respeta. A Evo lo siente cerca, lo quiere y lo defiende, por más que discrepe con el modelo que aplica. Fue al primer presidente que visitó luego de asumir, y piensa que la mejor forma de ayudarlo es habilitar a su país la salida al mar.

> *Evo es más que el presidente de Bolivia. Es el representante de los pueblos indígenas de América. Tiene mucha llegada en toda la cordillera. Es brutal. Es la primera vez que un indígena preside un país en América Latina. Según mis cálculos, el otro gobernador antes que Evo fue Andresito, el que puso Artigas a gobernar Misiones. Además, es flor de administrador, Evo. Levantó la economía de su país.*

Evo siente admiración por Mujica. Lo suele poner como ejemplo y su hermana le recomienda que lo escuche más. "Es un viejo sabio", nos dijo Evo en una de las cumbres en que coincidieron. "Ustedes no se dan cuenta de lo que tienen", agregó.

Esa pudo haber sido solo una frase políticamente correcta, pero el presidente uruguayo era tema de conversación para Evo hasta cuando se reunía con Fidel Castro. Mujica visitó dos veces a los hermanos Castro en La Habana siendo jefe de Estado y en una de ellas coincidió con Evo en la isla caribeña. La parte sustancial de la conversación entre Fidel y Mujica fue sobre el problema de alimentación, que seguramente tendrá el mundo en el futuro, debido a la multiplicación de su población. También hablaron de política y de América Latina. "Fidel estaba enterado de todo lo que está pasando", nos contó Mujica unos días después, impresionado por la lucidez de ese hombre de casi 90 años.

A Fidel le preocupaba la situación de Evo. La recomendación que le hizo Castro al presidente boliviano cuando se reunieron fue que hablara con Mujica. Funcionó de puente entre los dos, cuando se encontraban en La Habana para una celebración patria. Mujica lo contó orgulloso. "Evo me vino a hablar porque se lo pidió Fidel", relató con brillo en sus ojos.

Con los hermanos Castro también habló sobre su papel en la negociación entre el gobierno colombiano y las FARC. La mesa de diálogo era en La Habana y Mujica se sintió en la obligación de anunciar a los locatarios que se reuniría con los guerrilleros. Mujica nunca fue comunista ni comulgó en todo con la revolución cubana, pero a los Castro los respeta. Por más que los cuestione, está claro que siente admiración por lo que hicieron.

Lo extraño de Mujica, que algunos ven como una virtud y otros como un defecto, es que apenas unos días después de sentarse en la misma mesa con la izquierda más radical del continente, cruce sin ningún problema la línea divisoria imaginaria y sintonice con representantes de la derecha.

El presidente colombiano Juan Manuel Santos, un "patricio" que surgió de la clase alta de su país, es muy cercano a Mujica. Fue él quien lo puso a trabajar en la mediación con las FARC. "Nos tenemos mutuo respeto y yo lo valoro porque él no está para la chiquita. Está pensando en el bronce", reflexiona Mujica.

De la misma forma, siempre se sintió cerca del expresidente de Chile Sebastián Piñera, uno de los empresarios más ricos de ese país. Generaron una buena relación, basada en la sinceridad y la mutua conveniencia. A una semana de jurar como presidente, Mujica viajó a Santiago a la asunción de Piñera. Ambos coincidieron durante cuatro años en cada una de las cumbre presidenciales y hasta llegaron a realizar un viaje conjunto de una semana a la Antártida.

Por supuesto que Mujica siente especial simpatía por la socialista Michelle Bachelet, actual presidenta de Chile y antecesora de Piñera. Su relación con ella no es tan cercana como con Piñera por una única razón: falta de tiempo juntos como presidentes. Mujica viajó a Santiago cuando en marzo de 2014 Bachelet inició su segundo mandato. "El líder progresista más admirado por los jóvenes", lo definió la que en ese momento asumía como jefa del Estado chileno y Mujica destacó de ella su "vida de lucha" por una sociedad mejor y su resistencia a la dictadura militar de Augusto Pinochet, en la que perdió a su padre, el general Alberto Bachelet, fallecido en prisión. "Es un monumento a la mujer en política", nos dijo en esos días en los que se transformó en uno de los centros de atención del cambio de mando. La diferencia es que Bachelet es su compañera y así la identifica y Piñera podría ser visto como su enemigo, lo que es un grave error.

> *Piñera no es tan de derecha. No es un facho. Es un capitalista, conservador, pero tiene claro que a la gente hay que darle asistencia. En Chile hay un 30% de derecha, derecha, derecha. Acá, en Uruguay, nunca entró tanto la dictadura como allá. Pero él no está dentro de ese 30%. Me siento cómodo conversando con él, por más que esté en la vereda de enfrente.*

Otra vez la relación cordial entre las personas. A eso fue a lo que apostó Mujica en su política exterior. Su objetivo con los países del otro lado de la cordillera de los Andes era generar un mayor flujo comercial, que permitiera a Uruguay recurrir al océano Pacífico para tener una salida directa a Asia, donde considera que está el futuro.

> *Le dije a Dilma que es una macana que ellos no vayan con nosotros a intentar ser miembros observadores de la Alianza del Pacífico. No me contestó nada, pero me escuchó. Con el peruano Ollanta Humala también hablé mucho de esto. Lo metió Alan García en*

la Alianza del Pacífico y él no se quiso echar para atrás. Brasil es el que tiene que buscar la costa del Pacífico. Le dije a Dilma que tenga una política especial con Perú. En la costa del Pacífico se va a jugar un partido muy importante.

Por eso no le preocupaba acercarse a esa Alianza que el grupo más de izquierda del continente asociaba con la derecha, ya que la integran países como Colombia, Chile, Perú y Costa Rica, en asociación con Estados Unidos. La historia está llena de acuerdos incomprensibles y Mujica recurría a ellos cuando buscaba explicarse.

Churchill se alió con Rusia y con Stalin cuando lo tuvo que hacer. Mucho más allá de la izquierda y la derecha, los hombres al frente de los países tienen que ser pragmáticos. Hay que tener mucho sentido común, esa es la mejor ideología. Llegado el caso, hasta Churchill dijo "vamos arriba con Stalin". Y mirá que Churchill era muy anticomunista. Hay que leerlos a esos tipos para aprender de política.

En ese capítulo de pragmatismo se enmarca lo que hizo Mujica con Estados Unidos. Solo una vez había estado en suelo norteamericano antes de ser presidente y había sido en tránsito hacia otro país. No tenía posibilidad de acceder a la visa de ingreso por su pasado guerrillero. Sabía que había ocupado por décadas el espacio destinado a los enemigos en los expedientes oficiales de Washington.

Asumió como presidente con la idea de que no visitaría esa nación, pero con un muy buen concepto sobre todo lo que los norteamericanos generaron para el mundo reciente. Mujica cree que son los grandes responsables de la civilización moderna y los respeta por sus aportes a todas las artes, las ciencias y la historia. Convive con una especie de admiración culposa.

Tiene especial simpatía por Barack Obama. "Un negro que llegó a presidente de Estados Unidos. ¡Es brutal! Me dan muchas ganas de conocerlo", reflexionaba a días de haber jurado como jefe del Estado uruguayo. No pasó mucho tiempo hasta que lo logró. Y los pocos prejuicios que todavía quedaban en su cabeza cayeron.

A principios de 2012 ambos coincidieron en una cumbre de jefes de Estado en Cartagena de Indias, Colombia. A la hora de la cena, la organización sentó a uno al lado del otro y hubo buena sintonía desde un primer momento. Mujica registró a Obama como una persona muy inteligente y bien asesorada. La cena duró cerca de tres horas y el intercambio entre ambos ocupó casi todo ese tiempo. Se contagiaron el entusiasmo.

Obama me mostró aquella noche que sabía de Uruguay. A mí me tiene medio como un personaje. En el campo internacional, sé que soy el raro. No entro en los parámetros.

Obama es un radical de izquierda al lado de la gente que tiene ahí. Le dije: "Vete de Afganistán". Se reía. Tenía traductor al lado. Yo entiendo algo de inglés, pero cuando ellos hablan me hago el burro para saber qué están diciendo.

Obama tiene carisma, tiene clase. Se aguantó más de veinte discursos dándole palo a Estados Unidos en esa cumbre. El menos ofensivo debe haber sido el mío. Él se la bancó y eso es una actitud de respeto. Yo le dije: "Usted es el mejor presidente que nos puede dar Estados Unidos". En el contexto de lo que es el país, es lo mejor para nosotros.

Luego de esa noche, el diálogo se hizo mucho más fluido. Mujica viajó dos veces a Estados Unidos y se transformó en uno de los preferidos del primer presidente negro de la principal potencia mundial. La primera visita fue en setiembre de 2013, para participar en la Asamblea Anual de la Organización de Naciones Unidas en Nueva York. Mujica pronunció un discurso similar al de la cumbre de Río+20, pero más largo. "Soy del sur, vengo del sur", les dijo a los principales líderes del mundo, y habló contra el consumo y la civilización actual derrochadora de recursos. Más de lo mismo, pero en la Gran Manzana y ante un auditorio mundial.

En mayo del año siguiente fue a visitar a Obama a la Casa Blanca. Era la primera vez que un exlíder guerrillero latinoamericano ingresaba al Salón Oval, ocupado por un negro. De *oveja negra* a *black sheep*. Todo tenía características de histórico y en eso se transformó.

—*Lo vi más viejo a Obama. ¡Qué lo parió! Eso fue lo primero que le dije. ¡Cómo te agota estar en lugares de mucho estrés! Algún problemita tuvo en su gobierno que se llenó de canas.*

—¿Te dio espacio o fue algo muy protocolar?

—*No, había mucha sintonía. Hay un lenguaje universal que es el de los ojos y enseguida me di cuenta de que me respeta. Me trató de líder regional...*

—¿Por qué te parece que te respeta?

—*Me dieron pelota porque me ven como un buen intermediario. Saben mucho sobre mi pasado y lo que represento y les sirve que trabaje junto a ellos. La relación con Cuba es muy importante para Estados Unidos. Ellos se dieron cuenta de que yo los puedo ayudar mucho en eso.*

—Vos también los ayudaste bastante con lo de Guantánamo...

—*Sí. Me critican por lo de Guantánamo. Pero la que te deben después es brutal. Te doy para que me des. Para pasar la boleta tenés que tener una actitud. Además no podía hacer otra cosa. Sería una persona muy jodida si no me sensibilizo con personas que hace años que están presas y no se sabe ni lo que hicieron.*

—¿No te sentiste raro en el Salón Oval de la Casa Blanca teniendo en cuenta tu pasado?

—Hay gente que tiene prejuicios o que tiene miedo al qué dirán. Yo me paso por las bolas el qué dirán.

—¿Te habló mucho de América Latina?

—Me pidió que le abra cancha para que otros agarren viaje en acercarse a Estados Unidos. Cuba, Venezuela, todos esos pueden llegar a agarrar viaje. El tipo tiene una lucha interna de la puta madre que lo parió y hay que darle una mano. Esa es la historia. Me comentó que estaba totalmente de acuerdo conmigo en arreglar con Cuba, por ejemplo, pero me dijo: "Vaya a convencer a los republicanos".

Luego de esa reunión en la Casa Blanca, el intercambio comercial y científico entre ambos países aumentó considerablemente. De todas formas, algunos no le perdonaron a Mujica el excesivo acercamiento con lo que consideran el imperio norteamericano, especialmente en Uruguay.

Él no se arrepiente de nada y definió a los que lo criticaron como "almas podridas". Cree que su ayuda al gobierno de Washington se tradujo en cuestiones útiles para Uruguay y fue un aporte para lograr una pacificación del continente. Tiene la certeza de que Obama dejará el terreno sembrado para un nuevo período de relacionamiento entre Estados Unidos y América Latina.

A través de ese puente con Obama y su embajadora en Uruguay, Julissa Reynoso, Mujica llegó a lugares impensables para sus antecesores y también lo hizo a su manera, dejando su sello en la historia más reservada, esa que se conoce medio siglo después, cuando se desclasifican los documentos.

A mediados de 2014, por ejemplo, Obama llamó a Mujica preocupado por Venezuela. La situación estaba cada vez más complicada y el Congreso de Estados Unidos quería tener un rol protagónico en ese país.

"Presidente, quiero tener su opinión sobre el tema de Venezuela. En el Congreso me están presionando para que intervenga. ¿Cuál es su posición al respecto?", preguntó Obama.

"Por ahora es mejor que no. Eso lo único que haría sería perjudicar más las cosas. Lo mejor es que se quede tranquilo", respondió Mujica y el presidente norteamericano agradeció la sugerencia y le dijo que compartía su posición.

Unas semanas después, el vicepresidente norteamericano Joe Biden llamó por teléfono a Mujica. "En un mes, llamadas del presidente y el vicepresidente de Estados Unidos. No es para cualquiera, che", ironizó en la intimidad Mujica.

Nosotros nos enteramos de casualidad del segundo llamado, porque teníamos una reunión pautada con él en su despacho cuando estaba con los preparativos. No tenía traductor ni tenía claro en qué teléfono mantener la comunicación. Fue lo que pudimos ver. Cuando quisimos saber más, optó por el secreto.

Después supimos que recibió la llamada en el teléfono celular de su secretaria, María Minacapilli, porque era el único que tenía "manos libres" y que durante la charla, ofició de traductor el prosecretario de la Presidencia, Diego Cánepa. La comunicación se cortó dos veces y el audio no fue bueno.

Biden, que ya había tenido varios mano a mano con Mujica y en mayo había almorzado con él en Washington y lo había visto cabecear por el sueño frente a su plato de sopa, quería apurar la llegada de los presos de Guantánamo a Uruguay. No logró su objetivo, pero sí un compromiso de Mujica de que el acuerdo entre ambos gobiernos se llevaría a cabo después de las elecciones en Uruguay. También le quedó claro por qué Mujica se había hecho tan famoso internacionalmente. "Primera vez que me pasa", dijo Biden a sus asesores, cuando se cortaba la comunicación con el teléfono celular una y otra vez.

En Europa, Mujica también tiene buena recepción y ha cultivado un vínculo, aunque no tan cercano, con algunos de sus líderes. Viajó media decena de veces siendo presidente pero el itinerario más prolongado lo hizo en 2011, cuando visitó Noruega, Suecia, Alemania y Bélgica, y en el 2013, cuando recorrió España y fue al Vaticano para conocer al papa Francisco.

Disfruta especialmente de su estadía en lugares europeos con tradición y elige a París, Praga o Edimburgo como las ciudades más bonitas del mundo. Le gustan los lugares con historias milenarias y con una armonía arrastrada a lo largo de los siglos.

Desde el punto de vista político, Mujica cree que Europa atraviesa por un problema serio. Percibe una crisis importante de credibilidad de sus líderes, que para él explica su fama en ese continente. No existe la sorpresa en el Viejo Mundo y por eso fascina la *oveja negra*.

Las ideas políticas de vanguardia escasean entre los europeos y en algunos lugares todavía prevalece la filosofía de la conquista. Así se lo dijo en 2011 al presidente alemán, Christian Wulff, luego de que este le pidiera que ayude a Europa a instalar una democracia sólida en Afganistán a través de su ejemplo de guerrillero devenido en presidente. "Ese es el problema que tienen ustedes: el eurocentrismo. Todavía no aprendieron de la Historia, que no pueden imponer su forma de democracia en cualquier parte. No cuenten conmigo para eso", le respondió.

> *Europa tiene unos problemas importantes para entender al mundo. Casi no tiene izquierda. Hay una izquierda, pero ya se mezcló todo. Después tenés la Europa escandinava, que ahí son socialistas, aunque a veces se van a la derecha. El sistema que han logrado es infernal. Tienen una calidad de vida y una distribución que es impresionante. Es una demostración de que se puede.*

Quizá por eso las mejores impresiones se las llevó de políticos que están más asociados con la derecha, como el presidente del gobierno español Mariano Rajoy o la alemana Angela Merkel.

> *La charla con Rajoy fue buena. Lo más importante es lo que me dijo Rodríguez Zapatero. Este es una buena persona, me dijo. Discrepamos frontalmente, pero es buena persona. El que no sirve para nada es Aznar, me dijo.*
>
> *Igual, la que más me impresionó en Europa es Angela Merkel. Tiene una presencia que es brutal esa mujer, transpira poder de mando. Me preguntó qué pretendemos de Alemania y yo le dije "talento". "Gente", me dijo. "No, talento y formación. Becas. Eso es lo más importante".*

También pudo ver en el papa Francisco a un hombre revolucionario para la Iglesia católica y alguien con quien sentirse identificado. Todo eso en oposición con la monarquía española. En varios viajes coincidió con sus representantes y hasta recibió la visita del rey Juan Carlos en su chacra de Rincón del Cerro horas después de dejar de ser presidente. Siempre, en cada uno de esos encuentros, hizo mención a su condición de anarquista. "Buen sentido del humor el de tu hijo Felipe", le dijo a Juan Carlos la tarde en que compartieron un sillón del jardín de su casa hecho con tapitas de refrescos por pacientes del principal hospital psiquiátrico de Montevideo. Le contó que ambos soportaron un terremoto durante la asunción de Piñera en el Parlamento de Chile. "El sueño del anarco: que revienten todos los monarcas y los presidentes juntos", confesó Mujica a Felipe en aquella oportunidad y provocó una carcajada del entonces heredero de la Corona española.

La monarquía es para calentar a un muerto. Cuando fui a la Zarzuela, el rey estaba hecho pelota. Mirá que yo soy un viejo de mierda, pero era un adolescente al lado del rey. Me impresionó. La Zarzuela está en la boca de Madrid y son como 2000 cuadras, con ciervos incluidos. Una parafernalia para mantener a toda una familia que no tiene mucho para hacer. Desde el punto de vista republicano, es insultante. Es una cosa ofensiva. Rajoy es republicano, pero al lado del rey cualquiera es republicano. Igual hay que reconocerle al rey que ayudó bastante a España luego de la muerte de Franco, cuando volvió la democracia.

Con el Papa me pasó algo distinto. Yo soy ateo, pero me movilizó mucho. Tiene ganas de dar una mano. Va a ser un señor Papa. Encaja con mi manera de ser. Hablamos 45 minutos y fui yo el que le dije para terminar. Siempre recibe 15 o 20 minutos. Me daba vergüenza quedarme más tiempo.

Se quedó con ganas de visitar Italia, un país al que Mujica siente cerca. Los italianos representan para él, junto con los españoles, lo mejor y lo peor de la América

Latina que tanto valora. En lugares creados por italianos o españoles se siente como en casa. El término "tano" es clave para él, lo utiliza para referirse a alguna de sus jugadas o para explicar el origen de algunos de sus razonamientos.

Quizá de la picardía de los italianos sacó elementos para realizar un movimiento de política exterior, con el objetivo de que Europa reaccionara y diera más espacio a América Latina. Su jugada, pensada por varios meses y comentada con sus socios de la región, fue acercarse a Rusia como señal de que ese podía ser el país de escape para el Mercosur.

Le hizo "grandes ofrecimientos" a los rusos, al igual que Brasil y Argentina. Los tres países iniciaron un período de galantería que culminó con una visita de Vladimir Putin a la región en mayo de 2014. No visitó Montevideo, fue a Buenos Aires y Brasilia y en esas dos ciudades se reunió con Mujica.

Nunca había visto al presidente ruso en una cumbre ni se había cruzado con él. Le llamó la atención de Putin su capacidad de liderazgo y su estampa de hombre fuerte y agresivo. "Nunca se ríe, es muy raro eso", opinaba antes de conocerlo.

Quedó muy conforme con el resultado del encuentro. Putin recibió a Mujica de una forma muy amable, se mostró cortés y sobre todo informado sobre Uruguay. En dos o tres frases le dio a entender que estaba al tanto del pasado y presente de Mujica.

Fue al final del mandato. Su gobierno estaba terminando y Uruguay seguía en negociaciones grandes, algo que Mujica destacaba especialmente. "Somos un país muy chico en la mira de los poderosos. Eso es una buena noticia", evaluaba.

Mujica atravesó el mundo tratando de dar protagonismo a su diminuto país. Un exguerrillero que en menos de dos años generó la atención de Obama, Putin, Fidel Castro y el papa Francisco, que comprobó su fama tanto entre los campesinos de Ecuador, a los que pone como ejemplo de vida, o los indígenas de Bolivia o Perú, como entre los nórdicos de Finlandia.

Sin embargo, siempre dice luego de los viajes que cada vez quiere más a Uruguay, aunque sus habitantes sean haraganes. Le ve potencialidad por su ubicación en el centro de América Latina y por su buena imagen.

Incluso la casa del parque Rodó, de sesenta metros cuadrados, donde mantuvimos la mayoría de las charlas, le sirvió a Mujica de comparación al despedirse una madrugada. "Qué brutal está el rancho. Muy bien utilizado el espacio. Chiquito pero coqueto. Es un testigo privilegiado", se despidió.

10

El viejo

No suele mostrar sus sentimientos. Le incomoda el contacto físico excesivo o los abrazos apretados e interminables. Es más bien parco y de pocas palabras afectuosas. Sus saludos son cortos y estira la mano con desgano. La ofrece como una continuación de su brazo, como un agregado que cuelga sin sensibilidad propia.

Sin embargo, esa parece ser una coraza ante tanto estímulo externo, del positivo y del negativo. Se podría explicar por sus años de aislamiento o por una agobiante demanda popular o simplemente por una personalidad poco expresiva. Aunque es la superficie. Mujica es la clase de persona que sorprende cuando se la conoce más. No porque cambie su forma de ser, eso no lo hará nunca. Pero sí porque ante determinados estímulos aparece el hombre sensible, que muchas veces termina con lágrimas en los ojos, hablando de la importancia del amor y la amistad.

Llora cuando habla de su historia más íntima. También se emociona, hasta enrojecer su mirada, cuando se entera de que el jardinero de la Embajada uruguaya en

España tiene guardado en el teléfono celular su discurso en la cumbre Río+20 y lo escucha cada vez que quiere sentirse bien. "Por lo menos sirvo para algo", dice con la voz quebrada.

Vibra con la poesía o con una buena novela o con los ensayos de los grandes filósofos. A sus 79 años, casi al final de su Presidencia, seguía descubriendo escritores a través de cartas de fanáticos del exterior. Le pasó con el portugués José Saramago, por ejemplo. Entre los cientos de mensajes que recibió luego de hacerse famoso en el mundo, hubo uno de un español que lo conmovió. Le envió un poema de Saramago que habla sobre la vejez. "Me entusiasmé como un niño y no podía parar de leerlo una y otra vez", nos contó. "Admiro lo que dicen los buenos poetas".

Sus sentimientos estuvieron presentes en muchas de nuestras charlas. Se instalaron después de la confianza, de que Mujica se sintiera cómodo con el pasar de los días, las semanas, los años. Y así entendimos y vivimos su manejo poco convencional del afecto, alejado de lo físico, pero sentido.

Su saludo siempre se resumía en una guiñada a la distancia o en una palmada apenas perceptible en la espalda o en un leve apretón de manos. La comunicación telefónica terminaba sin mucha efusividad, y a veces ni siquiera decía *chau*. "Bueno, ta, ta", remataba y se percibía claramente cómo separaba el teléfono de su oído y unos segundos después cortaba.

Eso solo significaba una forma de andar sin demasiada efusividad y de hacer el día a día más fácil. Por las noches, en la intimidad que da el hogar y el vino, mostraba aunque fuera un poco su costado más sentimental.

Y vaya si tiene cosas para contar sobre sus afectos. Los recientes y los pasados. Los amores y los desamores. Los amigos y los recuerdos. Los hijos que no tuvo y los animales que ocuparon, al menos, una parte de ese espacio vacío. La naturaleza y las plantas y la chacra en la que vive como unión de todo eso.

El tema más recurrente para él es el amor. A los 16 años, cuando abandonó su casa materna detrás de una novia adolescente, comienza un periplo que tiene a las mujeres como protagonistas. Grandes amores fugaces, que recuerda con cariño y nostalgia.

"Cuando era joven tenía un defecto importante. Me enamoraba de las mujeres lindas y era correspondido", añora. Pero el único nombre que surge en todas las charlas y horas es el de Lucía. Llegó tarde a su vida, cuando escapaba de los militares por los montes, durmiendo a la intemperie, ya casi sin libertad. Los unió el miedo y el desamparo. Nunca más se separaron. Como ocurrió con los años de calabozo y encierro en el aljibe, Lucía también cambió la vida de Mujica. Él lo cree así y se lo agradece.

Antes, en sus primeros años de juventud, convivió con otras mujeres. La vida era estudios, lectura, bicicleta y enamorarse, desenamorarse y volver a enamorarse. Llegó a recorrer el Uruguay entero a pedal y hacía travesías a la ciudad natal de su madre, Carmelo, todos los meses. Casi 240 kilómetros para ir desde Montevideo y otros 240 para volver.

Muchas cosas quedaron de aquellos años. "Las mujeres y el amor te cambian la cabeza", asegura hoy, y recuerda como ejemplo que una de sus parejas de la juventud le inculcó el amor por la música clásica. El gusto por la política ya le venía desde la casa: su madre era una ferviente militante del Partido Nacional.

Entre mujeres se mezcló con los tupamaros a principios de los 60. Y tuvo un amor importante en sus primeros años de clandestinidad: Yessie Macchi, la más linda de las guerrilleras. "Era brillante intelectualmente y muy apasionada. El único defecto que tenía es que era muy bonita", dice cuando la recuerda. Duró poco la pareja. Cada cual siguió su camino en la organización y los dos se transformaron en íconos: él, por llegar a presidente, y ella, por morir muy joven después de una vida tormentosa.

Las mujeres no ocuparon los principales lugares en el movimiento tupamaro. Nueve hombres fueron los considerados líderes del grupo armado por los militares. Sin embargo, Mujica relativiza esa elección: "Las mujeres fueron decisivas en los tupas. ¡Pobres de nosotros si no hubieran existido las mujeres! En los momentos complicados, fueron las que nos salvaron y se la jugaron".

Así lo demuestra la historia. Fueron varias las veces que mujeres de la organización evitaron a los hombres una casi segura caída. Pasaban más desapercibidas y por eso eran las encargadas de enviar los mensajes o de advertir en forma rápida la presencia del enemigo.

Lucía fue una de ellas. Protagonista entonces, y mucho más ahora, le dedicamos casi toda una noche de nuestras charlas. Mujica estaba más nostálgico de lo habitual, sentado en un sillón de cuero, distendido, con ganas de fumar y recordar. Le preguntamos por ella y nos desarrolló la historia. De a poco, disfrutando paso a paso, demorando las palabras.

> *Lucía largó todo a la mierda y se vino con nosotros. La familia se lo perdonó. El padre era un ingeniero batllista. Era ateo y odiaba a los curas. Ella fue a un colegio católico porque la madre educaba a los hijos. La madre era de apellido Saavedra. Esos sí son católicos y blancos. Él era ingeniero de infraestructura. Fue el que calculó el Hospital de Clínicas y trabajó en el tendido de los puentes de ferrocarril. Los padres vivieron bastante en el exterior. El hermano mayor de Lucía nació en Alemania, entre esvásticas. Tenía esvástica en la cédula. ¡No sabés las que pasaron para volver!*
>
> *Cuando era gurisa, como todos los demás, era creyente. Casi todos sus hermanos son profesionales. Tiene una hermana gemela que vive en Paysandú. Brillante, la loca. Se lleva bien con nosotros, sí. Se diferencian por las operaciones que le hicieron a Lucía en el MLN. Lucía tiene la nariz del MLN.*

Se ríe al mencionar la nariz del MLN. Tenían un cirujano que les cambiaba parte del rostro, recuerda. A él no le hizo demasiado; parece que hay un sello del MLN en la fisonomía, como si fuera un tatuaje.

> *A Lucía la conocía de nombre. La conocí personalmente mucho después de la primera vez que fui en cana. Éramos clandestinos los dos, viviendo a monte. Nos juntamos una noche de peligro y soledad. Y nos hicimos más compañeros en los momentos duros, en los que caían compañeros como moscas y a otros los mataban. En la cana no nos vimos nunca. Nada de nada. Al principio nos escribimos alguna carta, pero después no podíamos. Nos juntamos a la salida, más de doce años después. Después seguimos siempre unidos y nos casamos hace un par de años.*

La chacra de Rincón del Cerro tiene para ellos un gran protagonismo. El lugar que hizo célebre internacionalmente a Mujica es también el centro de sus afectos y de su pareja. Ahí se casó, ahí experimentó lo mejor de su carrera política y ahí vivirá hasta sus últimos días.

Se instaló en ese lugar a los pocos meses de salir de la cárcel, a mediados de la década de los 80. "Solo ella me podía acompañar en ese viaje porque es india como yo. No saben lo que era aquello: ¡se caía a pedazos!", rememora.

No es que le hayan realizado demasiados arreglos. La vivienda tiene lo necesario: dormitorio, cocina, baño y sala de estar con estufa de leña. Con el tiempo se fue poblando de libros, adornos con historia y sobre todo de visitantes ilustres. Primero políticos de izquierda, después de todos los partidos, luego gobernantes del exterior y finalmente medios de comunicación de todo el mundo.

A todos les decía lo mismo: "Yo no soy pobre. Soy austero, porque tengo mi libertad y quiero tener tiempo para disfrutarla. No me gusta la pobreza, me gusta la sobriedad y andar liviano de equipaje".

Mientras, se distendía haciendo las tareas de la casa. "Hoy lavé los platos, cociné, hice un guiso chico. Después anduve por la chacra, fui a la carnicería y compré un poco de carne. Necesito hacer esas cosas", nos relató una de las tantas veces que nos recibió.

En esa oportunidad estaba solo. Lucía había viajado como observadora a unas elecciones presidenciales en Ecuador. Se notaban algunas diferencias en el orden. Había más papeles dispersos y objetos fuera de su lugar. No era demasiado el caos, aunque no pasaba desapercibida la ausencia femenina.

Cuando están juntos en la intimidad se complementan, son engranajes perfectos. "El amor de viejo", le llama él, y asegura que es distinto al anterior. "Es una dulce costumbre", define. Porque para Mujica el amor tiene edades. El de viejo se basa en el compañerismo y es muy necesario, quizá hasta más que el otro.

Lograr los últimos años más llevaderos es lo más importante. Desde cortarse mutuamente las uñas de los pies, "una tarea muy difícil a esta edad", hasta pensar en soluciones para el futuro cercano, porque el lejano ya no existe. Aunque a veces eso se olvide, al menos por un rato.

—*Hoy hice 35 frascos de conserva de tomates y cuando llegó la vieja, no lo podía creer. Me encantó, lo disfruté como loco, pero no sabés cómo me quedaron las piernas. Estoy viejo. Se me acalambran los músculos. Después me tuve que poner a hacer bicicleta estática y me aflojó un poco. Me suele pasar eso. Se me viene el muchachito encima, pero no soy muchachito.*

—¿Qué le ponés a la conserva?

—*Es una pavada. Es el tomate picado y con un palo masacrado. Después le pongo una cucharadita de sal y un par de hojas de laurel y los tapo. Cuando está terminado los pongo en un tacho grande con agua. Cuando hierve, lo dejo media hora y después que se enfríe. Te dura dos años.*

—¿Para qué lo usan?

—*La vieja hace unas pizzas que me encantan y les pone un frasco de esos. ¡No sabés cómo queda! Gastamos treinta frascos por año, más o menos. Todavía tenemos cuatro del año pasado en Anchorena.*

Casi todos los días que están en la chacra cocinan. Es como una ceremonia. A veces juntos, a veces por separado, la cocina es un lugar de reunión en la casa. Muchas de las entrevistas ocurrieron ahí, con el olor de los vegetales asándose en el horno o el guiso cociéndose en una olla.

En verano, el aljibe frente a la puerta de entrada de la casa también es un lugar de recepción y esparcimiento. Allí ellos pasan las horas, bajo los árboles, entre los animales. En ese lugar fuimos testigos de una discusión entre ambos por temas ideológicos. No fue nada prolongado ni subido de tono, pero fue la primera vez en la que vimos a Mujica contradecir con firmeza a su mujer. Había confianza e imaginamos que ese tipo de intercambios era frecuente.

La discusión la originaron los gremios de la educación y cómo funcionaban como un impedimento para cualquier cambio. La conversación se prolongó mucho más de lo previsto y, luego de cuestionamientos a la situación educativa de Uruguay, Lucía acusó a los medios de comunicación de estar sobredimensionando la realidad.

—La educación no es un desastre. Eso es lo que quieren mostrar los medios.

—Otra vez lo mismo. La culpa de todo no la tienen los medios. ¡Vamo' a terminar con eso! El problema no es el que decís, vieja. El problema es mucho más complejo. Puede haber cosas muy buenas en la educación, como vos decís, pero no se manifiestan.

—A mí me parece que es una operativa de la prensa.

—No, no. No le podemos echar la culpa de todo a la prensa. Acá hay un problema gremial y hay que hacer pelota a eso. Hay que juntarse y hacer mierda a esos gremios, no queda otra. Ojalá logremos sacarlos del camino.

Mujica no actúa de la misma forma cuando está Lucía a su lado. No porque se esconda ni porque cambie su pensamiento. Es que Lucía tiene una fuerte personalidad y es mucho más rígida desde el punto de vista ideológico que su marido. Y suele tener un rol protagónico en cualquier conversación.

Mujica la escucha, le da su espacio y la respeta. Algunos integrantes de su gobierno preferían que las reuniones con el presidente fueran sin su esposa. Siempre temieron que ella incidiera en las decisiones que debía adoptar Mujica, aunque él niega que ello haya ocurrido. "Es mejor tratar con él a solas", fue una frase repetida por varios ministros durante los cinco años de gobierno. La escuchamos hasta el cansancio.

Él reconoce que su mujer es "terca" y más rígida y estructurada desde el punto de vista ideológico que él. La adora y no ve en esa tenacidad un defecto condenable. Siente que le debe mucho. Cree que el mérito de ser presidente siendo una *oveja negra* también es de ella.

¡Lucía me ha bancado cada cosa todos estos años que no tiene gollete! Es el momento de retribuir. Ella va

a seguir en política, eso es seguro, y yo la voy a apoyar en lo que sea. No es la genialidad, pero es la gota de agua que va y va y va y es fundamental. Realmente es una suerte haberla conocido.

Ya habían pasado horas de aquella noche en la que tenía ganas de hablar de sus sentimientos cuando hizo esa reflexión. Estaba emocionado. Cada una de esas palabras, en especial las últimas, las hizo durar más de lo habitual. Los ojos se le llenaron de lágrimas y quedó por unos segundos mirando al vacío. Él mismo se encargó de restablecer la conversación.

Lucía fue, luego de esa charla, una de las candidatas para acompañar en la fórmula a Tabaré Vázquez. Pero en los comicios internos el dirigente del Frente Amplio más votado fue Raúl Sendic, y el propio Mujica optó por él como candidato a la Vicepresidencia. Se encargó de comunicarle la noticia a su esposa en la mañana del lunes 2 de junio de 2014, al otro día de la interna:

—Viejita, ya hablé con Raúl. Va él.

—...

—Viejita, ya está. Es un problema menos.

Eso fue lo único que le dijo y horas después estaban otra vez trabajando juntos en la preparación de la campaña para intentar que el sector político de ambos volviera a ser la mayoría del Frente Amplio. Juntos disfrutan de lo construido mientras envejecen de una forma que nunca habían imaginado. También con dolores arrastrados del pasado, esos que Mujica no elude en la conversación. Sin duda el más importante es no haber tenido hijos.

La etapa de mayor fertilidad la vivieron en los calabozos y cuando fueron liberados ya era demasiado tarde. Adoptaron algunas familias que viven en el mismo predio de la chacra, pero no es lo mismo. "Son los familiares que elegimos", dicen ambos. Pero sienten y saben que no es lo mismo.

Mujica quería hijos. Sintió la calidez del hogar que lo recibía para las largas tertulias y registró que todavía no había niños en la casa. La décima vez que se sentaba ante la misma mesa, resolvió hacer la sugerencia:

> *Tienen que tener hijos. Yo no pude porque me dediqué a otras cosas. No me quejo, pero ustedes que pueden, tengan. Pienso bastante en eso. No me castigo porque qué mierda iba a pensar en esto por aquellos años. La vida es muy extraña y da vueltas. Cuando quise acordar ya era demasiado tarde y ahora me arrepiento un poco.*
>
> *Espero que dentro de unos años, si vivo, venga por acá y haya gurises. No le tengan miedo a la vida, que ustedes la van a generar de buena forma.*

Nos estaba hablando a nosotros, pero también le estaba hablando al joven que había sido. Nos daba la sensación de estar presenciando una confesión, de esas que son una catarsis para aliviar el equipaje que uno lleva consigo.

Lo dejamos reflexionar, mirándolo con sorpresa. Él nos dejó de lado y generó un diálogo con la dueña de casa, que escuchaba con atención. Desarrolló toda una teoría sobre las mujeres, que hasta ese momento no conocíamos.

> *Vas a terminar siendo mujer cuando paras porque ningún dolor ni amor es más grande que ser madre. Ustedes, las mujeres, son seres superiores que nosotros porque tienen el don de la vida. Nada es más importante que eso. No te dejes ablandar por la pequeña burguesía y no te olvides de parir porque cuando seas vieja te vas a dar cuenta de lo importante que es. Tal vez ahora que sos piba, no te des cuenta. Si existe la santidad, es probable que esté cerca de las mujeres viejas.*
>
> *La inmensa mayoría de las mujeres son las que se quedan con los hijos y mucho más en las clases más bajas. Hay que hacerles un monumento. No acompaño el feminismo ese que está de moda, pero creo en las mujeres. Las mujeres son muy importantes y valen mucho más que esas modas.*

Una vez, en la banalidad de la campaña electoral, nos había dado una pista sobre su respeto por las mujeres. Estaba indignado por la forma en que muchos políticos asociaban el poder con el sexo y las mujeres con batallas ganadas o perdidas.

Nos contó que a él le llegaban proposiciones y declaraciones de amor día tras día, pero que siempre respondía con el silencio. "Es lo que corresponde porque por ahí no pasa la cosa. Si te dedicas a coger, cogés como loco, pero eso no es la política. Eso es lo que hacen los vacíos de cabeza, los tarados", reflexionó por aquellos días, antes de ser elegido presidente.

Mujica no es de los políticos que cuentan su intimidad como tarjeta de presentación, que se refieren a sus conquistas como si fueran elecciones ganadas o medallas colgadas en el pecho. Critica a los que hablan demasiado de sexo y de ellos. Él hace referencia a cuestiones sexuales en reflexiones esporádicas y nunca es el protagonista.

De lo que sí habla en relación con el ejercicio de la política es de los amigos. Se jacta de nunca quedarse en hoteles en los pueblos y ciudades del interior uruguayo. En todos lados tiene un amigo que le abre las puertas de su casa y le ofrece una cama para pasar la noche. Cuando viajaba al exterior siendo presidente, también prefería las casas de los embajadores y los cónsules a los hoteles. Le gustaba el contacto directo con hogares, conocer la vida cotidiana.

"Tengo amigos por todos los boliches en Montevideo. Hay que escuchar a la gente. De vez en cuando te tiran alguna que está muy bien", transmitía como filosofía de vida en plena Presidencia. Y nunca dejó de ir a los bares, casas, clubes sociales y galpones que frecuentaba cuando era un simple diputado.

Tampoco de visitar a quienes habían estado cerca durante toda su carrera política. Uno de ellos fue el socialista Reinaldo Gargano, senador y ministro de Relaciones Exteriores del primer gobierno del Frente Amplio. Estuvo unos meses agonizando, cuando hacía ya tiempo que Mujica era presidente.

Lo fue a ver a la casa de salud en la que estaba internado. Lo hizo en silencio y después tenía previsto visitarnos. Llegó más apagado y pensativo de lo habitual. Ante la consulta, explicó su dolor.

> *Gargano me reconoció, pero no habla. Te saluda y quiere hacer gestos con la mano. Es trágico, quedé mal. Es una cosa imponente verlo. Toda la vida me peleé con Gargano, hace sesenta años que me peleo. Pero es un duro y por eso le tengo mucho aprecio. Gargano es un hombre de partido y militante típico. Se parece a Lucía.*

De los amigos que terminaron siendo protagonistas silenciosos de su Presidencia, quizá uno de los mejores ejemplos sea Sergio "el *Gordo*" Varela, que vive en la esquina de su chacra. El Gordo Sergio es el dueño del quincho con parrillero en el que Mujica hace de anfitrión cuando tiene que recibir a un grupo grande de personas. Amigo desde el comienzo de la carrera política, socio de campaña y asesor logístico después, y una especie de jefe de las fiestas presidenciales al final del camino: todo eso fue el Gordo Sergio, un "valor" y ejemplo de amistad para Mujica.

Por su famoso quincho pasaron Chávez, Lula, Rafael Correa, la embajadora de Estados Unidos, el embajador de Venezuela, los principales políticos y empresarios del Uruguay y de la región, sindicalistas, periodistas y la barra de amigos de Mujica. Y el Gordo Sergio atesora como recuerdo de esos tiempos un reloj obsequiado al presidente uruguayo por el gobierno ruso. También custodia otros archivos y objetos del pasaje de la *oveja negra* por el poder, al igual que muchas personas del entorno de Mujica: relojes, pinturas, habanos, monturas, de todo. Mujica recibe y reparte. Salvo plantas, semillas y todo lo referido a la naturaleza.

La naturaleza también es una constante en el Mujica sentimental. De la misma forma que la percibe casi como una religión, recurre a ella cuando quiere llenarse de vida. Hablando de animales y de las plantas se lo ve distendido. Saca a relucir su amplio conocimiento y su experiencia de vida.

Los animales ocupan un lugar central en su intimidad. La más famosa es Manuela, su perra de tres patas. Manuela es su amor de viejo. Tanto es así que durante sus viajes al exterior, cuando llama a Lucía a Montevideo, le pide que acerque el teléfono a la perra para poder hablarle y sentir sus ladridos.

Las anécdotas sobre Manuela son constantes. Manuela en el auto, Manuela en la chacra, Manuela en los actos políticos, Manuela en la madrugada. Cuando ella está cerca, Mujica está pendiente de que no le ocurra nada malo o de que esté bien atendida. Lo vimos correr y protegerse en un auto, abrazado a Manuela, cuando un grupo de perros la rodearon en la casa de un amigo suyo en Carmelo.

Manuela tiene 18 años. Es de Paysandú. La trajimos una noche y era una cosita diminuta. Con el tiempo, se fue transformando en algo muy especial. Perdió la pata por acompañarme en el campo. Fue con la disquera del tractor. A partir de ahí pasó a ser la reina de la casa, con todos los mimos incluidos. A ella le cocina el presidente de la República, no es joda. El día que se pele, la voy a extrañar porque son muchos años juntos.

En invierno, me levanto tres o cuatro veces de noche para ponerle astillas a la estufa porque Manuela me pide. Y cuando quiere mear me levanto alto del piso y le abro la puerta. De mañana, en cuanto me ve poner el pantalón, sale a dar una vuelta conmigo por el campo. Ella va conmigo en la cabina del tractor o en el Fusca cuando salgo por el barrio. Siempre la tengo al lado.

Manuela es la preferida de la chacra de Rincón del Cerro y con ella conviven más de diez perros. También hay cerca de media decena de gatos, así como gallos y gallinas. Todos se distribuyen el espacio sin demasiados conflictos. Cada cual cumple con su función. Uno de los gallos, por ejemplo, que se llama Claudio, es el encargado de despertar a los dueños de casa y duerme junto a la ventana del dormitorio.

Mujica tiene debilidad por los gatos. En realidad, por todos los animales, pero a los gatos los admira un poco más que al resto. Cree que tienen una inteligencia superior y asegura que se aprende mucho con solo mirarlos. "En la forma de cazar de un gato están todas las tácticas de la guerra. Tomándose unos minutos para observarlo, se aprende mucha cosa", asegura.

La gata de su vida fue Cloromida. Compartió con ella los primeros años de la chacra. El tema surgió porque en la casa en la que lo recibíamos en el parque Rodó había una gata gris atigrada, muy similar a Cloromida.

Él se la ponía sobre sus piernas o registraba y comentaba sus movimientos. En una oportunidad, la gata se asustó ante una torpeza ocasionada por uno de nosotros y arañó a Mujica. Un arañón pequeño, que lo hizo sangrar. "Son gajes del oficio", reaccionó él. "Si te gustan los animales, bancate los rasguños. Está defendiendo su territorio", la justificó mientras se limpiaba la sangre.

Eso sí, cuando se estaba yendo se acercó a la gata y le hizo una recriminación: "No me querés vos a mí, ¿eh? ¿Por qué no me querés? Te voy a tener que traer a Manuela". En ninguna de las otras visitas se repitió el incidente. Hicieron las paces. Entender el mundo gatuno implica no ceder al primer ataque.

Yo tuve una gata que adoré. Me la mató un perro cuando ya era veterana. Esa gata hizo historia. Empezó a cazar todo alrededor de la chacra y fue corriendo a todos los bichos. Tenía sus berretines. Cazaba una rata y te la traía para que la vieras. Un día fue un arquitecto amigo de Lucía a verla, un arquitecto con un perrito de esos de departamento. La gata vio que era fifí y lo dibujó todo.

Al final, una perra grande, que estaba enfrente, le vino a robar la comida que había cazado y la mató. Esa fue una de las tristezas más grandes que tuve en mi chacra. No me olvido más. Hace un montón de años, tal vez catorce. La personalidad de Cloromida no la tuvo ninguna. Hubo muchos gatos después, pero ninguno como ella. Lucía estaba enferma y saltaba la ventana para venir a verla. Para mí los bichos son fundamentales. Hay que aprender a quererlos porque son los compañeros de la vida.

Mujica también ocupa muchas horas en árboles y plantas. Ha leído y sigue leyendo libros científicos que se refieren al reino vegetal.

Muchos de los árboles de su chacra fueron plantados por él y recuerda los momentos, los años, la evolución. Habla como si fuera un artista tratando de contextualizar su obra. Y así también surgen las historias y el registro del pasaje de la *oveja negra* por el poder.

De España, por ejemplo, lo que trajo de su última visita como presidente fueron plantas y semillas. A un pequeño árbol descendiente del roble del Guernika, uno de los símbolos más universales de los vascos, lo forró con papel y lo acomodó en un pequeño bolso que mantuvo con él en el avión de regreso. De otras partes de Europa también trajo semillas. Uno de sus mayores recuerdos de China fue cuando lo invitaron a plantar, en la Universidad de Pekín, una sequoia, el árbol más longevo y de mayor altura. Con Mujica siempre hay una anécdota referida a lo verde.

Y también a la música. Mujica es profesor de piano y de solfeo. Sabe y disfruta de escuchar buena música. Y puede variar de géneros, aunque prefiere la música clásica y el tango. Le gusta ir a conciertos y también escuchar en su casa y en el auto.

Siendo presidente recibió a varios músicos en su despacho, desde los integrantes de la banda inglesa Aerosmith, hasta los portorriqueños Calle 13, el cubano Silvio Rodríguez y el español Joaquín Sabina. Todos querían sacarse fotos con él. También actores como Sean Penn o Glenn Close. Los recibía orgulloso y después iba a verlos actuar. De todos se quedaba con algo.

La única foto de músicos que tenía sobre su escritorio era la del dúo uruguayo Los Olimareños. Son sus amigos, desde siempre, y fueron los encargados de la parte artística el día que asumió como presidente.

> *Los tipos son parte de la historia del Uruguay y conmigo se la jugaron bastante. Eran unos tupas independientes en los 60. Una vuelta los pusieron a hacer una guardia. ¡Pobres locos! No sabían qué hacer. Teníamos mucha gente en aquella época, muchos músicos. El ambiente musical estaba entre nosotros y el Partido Comunista.*

No tiene piano en su casa, sí un bandoneón, que le regaló Cristina Fernández. Estuvo semanas mirándolo con cariño hasta que un día se animó a probar. Fue todo un fracaso.

> *El bandoneón es un invento alemán, pero lo debe haber hecho un anarquista que estaba en pedo. Tiene un lenguaje distinto en cada mano y otro cuando lo cerrás. Encima, las notas están distribuidas de una forma extraña y no las ves. Es un instrumento maravilloso pero es difícil como la puta. Como yo sé tocar el piano, una noche me dije: "Lo voy a dominar". ¡Las pelotas! Tenés que dedicarle la vida a dominarlo. Es hermoso porque tiene el sonido nostálgico del tango.*
>
> *El tango tiene un nivel de poesía de puta madre. Es muy difícil encontrar algo tan elaborado. Es una cosa maravillosa, de las mejores descripciones de la pa-*

reja. Cuando vas pisando los cuarenta te vas haciendo tanguero. Ahí se te despierta. Disfrutás de la nostalgia. Empiezan a jugar mucho los recuerdos.

Mujica también siente especial placer por la lectura. Siendo presidente, al igual que durante toda su vida, la lectura fue y es una de sus principales actividades en los momentos de ocio. Lee de todo, cuando tiene tiempo. Siempre hay libros en distintos lugares de su pequeña casa.

No cree que haya un sustituto para el libro. "El papel está ahí y recurrís a él cada vez que extrañás un poco", argumenta. De todas formas, admite que lo que puede estar cambiando es el formato, no el mensaje escrito. Lo escrito es lo que sostiene a la humanidad, de generación en generación.

Cuando se acumulan demasiados libros en la casa, los pone en bolsas y los dona para institutos de enseñanza, bibliotecas barriales, clubes políticos o amigos con intereses literarios. Se quedan solo con los imprescindibles, esos a los que Mujica le gusta volver y volver y volver, por más que los haya leído por primera vez en su adolescencia.

"Los libros que sirven son los que te hacen pensar y quedan adentro para toda la vida. En definitiva, el papel del conocimiento que da la cultura es el despertar hacia una vida mejor", sostiene Mujica.

Vivimos en un mundo maravilloso pero no necesariamente vemos las maravillas. Los despertadores son fundamentales, porque a veces da la sensación de que el ser humano pasa por al lado de la belleza y no la ve.

El despertar genera angustia, pero te hace estar más vivo. Si aumentás la intensidad de luz, se te multiplica el tamaño de la noche. Cuanto más crece el conocimiento, más gusanito te sentís. La belleza de la vida también es eso: es la profundidad y muchas veces es ruda.

Los últimos meses de su Presidencia, Mujica extrañaba las horas de tranquilidad y de duda existencial. No es que no las tuviera, pero el problema era la frecuencia. Y qué era lo principal y qué lo secundario.

Se lo veía cansado, como fastidiado. "No me cansaron las cosas, me cansaron los *cosos*", decía con referencia a las personas. Se decepcionó de la condición humana en relación con el poder. Puede sonar un poco infantil la reacción, pero así también es Mujica.

Como un niño, soñaba en esos días con volver a la bicicleta y a un contacto ininterrumpido con la naturaleza. Quería repetir ese sabor de enfrentarse a lo que no se puede entender, a lo desconocido. Quería ser más filósofo y menos presidente.

"Me la tengo que bancar hasta el último día. Me metí en esto y ahora me tengo que joder. Me tiene bastante podrido, no la tarea de gobernar, sino de lidiar con la gente", nos dijo cuando ingresaba al último semestre de su gobierno.

Hablaba de la pasión infantil que sentía y mostraba con orgullo cómo había arreglado una bicicleta de sus años de juventud. Diseñaba trayectos en su mente. Calculaba la distancia entre su casa y la Torre Ejecutiva para recorrerla a pedal antes de terminar su mandato.

Volvía otra vez a imaginar el campo para sentir alivio de tanto ruido y de tanta gente.

> *No te cambio la chacra por nada. Me iré con las patas para adelante de ahí. Pero ahora, si me tuviera que ir, el lugar ideal para irme sería la campaña cerrada, en la mitad de Uruguay. Elegiría uno de esos lugares que mirás a la lejanía y decís: "Parece que por allá hay alguien". Me encanta la soledad del campo.*

11

El profeta

Hasta en el pensamiento se sentía el cansancio. Todo era en cámara lenta. Costaba incorporar la lógica más simple después de quince horas de vuelo y de aterrizar en Helsinki, cerca del Polo Norte y a seis horas del huso horario de Montevideo. El presidente uruguayo fue recibido con honores, se expuso a fotos con todos los que lo reconocieron en el avión y fuera de él y fue trasladado a una casa de huéspedes ilustres extranjeros, al costado de un inmenso lago y junto a un bosque, en las afueras de la ciudad.

Al llegar, recurrió de inmediato a un pantalón deportivo y unas pantuflas y los demás integrantes de la delegación se prepararon para el tan deseado descanso. Pero no, Mujica tenía ganas de conversar. Resolvió cenar con los que habían viajado con él desde Uruguay y reflexionar sobre cuestiones filosóficas. Daba envidia verlo casi sin síntomas del largo viaje y animado como si estuviera tomando mate en su casa, al amanecer.

La conversación arrancó con temas electorales y de coyuntura política. No era eso lo que tenía en mente y contestó con monosílabos ante las consultas de los demás integrantes de la mesa. Él quería hablar de Finlandia. Más que de Finlandia, quería referirse al futuro en un *país ejemplo*.

El hombre contemporáneo está para Mujica demasiado concentrado en el trabajo y poco en vivir su vida en forma plena. Los países nórdicos se caracterizan por jornadas laborales más cortas y por facilitar a los padres a que estén más tiempo con sus hijos durante los primeros años. Desde las licencias por maternidad o paternidad hasta los días de vacaciones anuales, el tiempo dedicado al hogar y a los afectos es central en esos lugares.

Y el tiempo es uno de los factores insustituibles para ser feliz, o eso cree Mujica. No el tiempo de las redes sociales en Internet o el dedicado a una pantalla de televisión. Ese es tiempo perdido y es el que más está creciendo. El necesario es el destinado a lo más simple de cada día.

"Estamos perdiendo la batalla contra el consumo al pedo y la banalización de la vida. Si pudiera elegir algo para dejar a las nuevas generaciones es eso: destinarle más tiempo a la verdadera vida", fue su reflexión en el silencio de la noche finlandesa.

Helsinki es una pequeña ciudad entre bosques, lagos y sobre todo silencio. El ruido es un intruso casi imperceptible en la paz que transmiten desde los barrios menos poblados hasta las calles más transitadas. Dicen que los bosques son los que apagan el eco, pero en realidad son los lugareños los que hacen un culto a lo tenue.

En semejante lugar Mujica se sintió inspirado. "Acá se valora más la vida", susurró a su pequeño auditorio en uno de sus últimos viajes como presidente. Citó como ejemplo negativo Singapur, en donde se vive para trabajar, o a los más radicales de los países musulmanes, que eligen la muerte a través del suicidio como salvación e ingreso a un estado superior. Hay que trabajar lo necesario para vivir cómodo, pero vivir por sobre todas las cosas, argumentó ante una delegación cansada y aturdida por el largo viaje en avión.

No era la primera vez que se lo escuchábamos. Es una visión idealista que repite con convicción, defendiendo el "punto intermedio" entre el trabajo y el disfrute. Una filosofía de vida que le pareció justificada por uno de los países que más se ocupan de lo extralaboral. No fue eso lo que más nos llamó la atención. Lo insólito era la energía, la convicción y la claridad con que lo estaba exponiendo.

Nosotros apenas podíamos hablar y él parecía que se hubiera teletransportado. A sus 79 años transmitía un empuje vital en aumento. Cansado, sí, pero con la mente clara y con ganas de exprimirla al máximo en la parte final del trayecto.

Se lo comentamos al regreso y sonrió. "No aguantan nada", nos dijo, y hablamos de la importancia del capítulo final. La experiencia de una vida bien vivida "te da una perspectiva maravillosa. Cuando no estás lelo, las arrugas y las canas son un estado superior. Empezás a ver las cosas sin cálculos", asegura Mujica.

Y con la mente clara y el cuerpo respondiendo, el futuro era un tema frecuente de conversación con el veterano político guerrillero. En Finlandia o en las noches de vino le gustaba imaginar las próximas décadas. Y también sugerir caminos para que en los próximos años la vida se vuelva un viaje más placentero.

De lo general a lo particular, no faltó nada en sus proyecciones. A esta altura del relato, está más que claro que a Mujica le gusta hablar y que piensa en voz alta, casi sin censura. Esa característica lo empuja a veces a contradicciones en el presente, pero sobre qué ocurrirá en el futuro con sus pronósticos solo se puede esperar.

Palabras sobran en estos tiempos, aunque no contenido. El mundo está saturado de una comunicación virtual que Mujica cree que genera pocos aportes. Las redes sociales son para él una forma de evitar el intercambio verdadero y de generar movimientos sin sentido y líderes que duran unas pocas horas. Esto puede ser leído como la visión de una persona de otra época, reivindicando todo tiempo pasado como mejor y que se siente perdida en lo más adolescente de su contemporaneidad.

Así se lo dijimos cuando descargó su catarata de insultos a Facebook y Twitter, fugaces desde su punto de vista como la "primavera árabe" que generaron. "Esto no termina en nada bueno. Es más destructivo que constructivo", aseguró. "Lo mismo decían de la televisión", lo cuestionamos.

"No, yo no soy de los que niegan el presente", aseguró y trató de exponer los puntos a favor de la era de Internet. "Hoy una botija uruguaya puede ser novia de un chino y mandarle de regalo ropa de Italia", comentó para destacar que "las fronteras se fueron a la mierda".

Eso es positivo, la cercanía siempre juega a favor de un mayor conocimiento. Las posibilidades pasan a ser infinitas y la información es un río que ahora multiplica su caudal y que ofrece agua para generar mucha más vida, evalúa Mujica.

El problema es otro. Lo que le provoca dudas hacia el futuro es quién ordena todo ese nuevo flujo de datos sin dirección ni espacio predeterminado. Otra ironía del destino: el anarquista preocupado por el orden del mundo al final de su vida.

> *Las fronteras se hicieron pelota en todas las áreas. Hay otro mundo y la respuesta es países cada vez más cerrados. Hay que empezar a discutir acuerdos básicos entre los países, tener una moneda única que no sea de nadie. La base de todo esto es la economía, que entendió perfectamente para dónde va el mundo. Los políticos siguen peleando como pelotudos por el gobierno y el bacalao se corta por otro lado. Tenemos que globali-*

zar la cabeza y el pensamiento porque, de lo contrario, nunca vamos a ofrecer respuestas para el futuro.

La falta de adaptación de los líderes políticos contemporáneos a su tiempo llevó a Mujica a hablar a favor de la Guerra Fría. Decía extrañar los años en los que había dos bloques fuertes de poder que alimentaban la agenda del mundo. Ni Estados Unidos ni la Unión Soviética le generaban una adhesión total en la segunda mitad del siglo XX, pero sí sentía que la realidad se interpretaba de una forma más simple.

No es fácil manejar la diversidad para un político que creció en un mundo bipolar. En la variedad, el manejo del poder se diluye o se concentra en personas que lo disimulan o lo manipulan con mayor facilidad. Esa es la interpretación que hace Mujica. La economía superó a la política. Y el verdadero gobierno de la economía siempre es misterioso.

Son pocos los que coinciden en esta nueva realidad. Tampoco abundan los que asumen de forma plena lo que significa que China ocupe el primer lugar entre las potencias mundiales, según Mujica. Todos lo registran como un hecho que tarde o temprano ocurrirá, pero no se han puesto a pensar seriamente en sus consecuencias.

—Estoy pensando más para allá, para cuando yo no esté. El avance de China no tiene vuelta atrás y hay que estar preparado. Los chinos les vienen comiendo el hígado

a los de Estados Unidos y a la larga, inevitablemente, va a llegar la hora. En ese mundo, Estados Unidos va a tener que mirar para acá y no sé si México no va a jugar de puente. Ojalá que así sea. Eso no se lo puedo decir a la izquierda porque no lo entienden.

—Tampoco entienden a Estados Unidos.

—Puede llegar un momento en que digamos: "El imperialismo yanqui no es tan malo". Libertades, nivel de salario, derechos laborales, nos quedamos con los yanquis. Se nos pueden presentar cosas de ese tipo. México, que hoy no está tan cerca y es un problema para Estados Unidos, puede ser un puente con ellos y una solución. Hay que tener muy en cuenta a ese país. Pero el futuro siempre es incertidumbre.

En concreto, Mujica pronostica que en el 2050 China duplicará el Producto Bruto Interno global de Estados Unidos, lo que provocará cambios importantes en el mundo. Los chinos son los que generaron una baja mundial en los precios y cada vez van a estar más presentes en todos lados. Así lo siente Mujica y recurre a su mundo para explicarlo: "Los taladros están regalados en los supermercados. El otro día fui a comprar uno y no lo podía creer. Valen la cuarta parte que hace unos años. Eso es gracias a los chinos, son todos chinos. Este fenómeno tiene una velocidad que te pasa por arriba".

Alemania pierde 300.000 habitantes por año y para 2025 casi el 60% de su población tendrá más de 50 años, argumenta Mujica como ejemplo de lo que está ocurriendo en Europa. En la medida en que los países se desarrollan, la tasa de natalidad empieza a decrecer, un fenómeno que no se prevé

La falta de planificación, el excesivo consumo, la escasez de recursos naturales y de alimentos y la superficialidad en la que transcurre el día a día contemporáneo, sin atacar los problemas de fondo a futuro fueron temas que estuvieron en el discurso de Mujica durante toda su Presidencia. El más recordado es el que pronunció en Río de Janeiro, pero allí no hizo más que repetir lo que nosotros escuchamos hasta el cansancio de su boca: el mundo adoptó el rumbo equivocado y ni siquiera se ha dado cuenta.

"¡Se emocionan con mi discurso de Río y en el fondo es trágico lo que dije ahí!", se quejó cuando ya lo habían visto millones de televidentes. Habló de un mundo que se está destruyendo, que multiplica los productos más innecesarios y posterga los esenciales, sin detenerse a pensar ni un segundo. Fue un rezongo al sistema político mundial por no discutir sobre asuntos importantes. Y un rezongo al estilo Mujica.

"Trágico y sin escapatoria", le cuestionamos. Eso fue presentar el problema pero no un camino que se acerque a la solución. "No di ninguna salida porque no la tengo", respondió Mujica, aunque desarrolló algunas ideas para intentar un nuevo rumbo.

Para eso es necesario un cambio de mentalidad y una prédica constante que fomente lo principal sobre lo accesorio. Para eso es necesario una educación que se centre más en una lectura correcta del futuro y que prepare a las nuevas generaciones para un mundo superpoblado, cambiante y con recursos escasos. Para eso es necesario un terremoto ideológico. Para Mujica, nada se hace desde lo necesario. Al contrario: el mundo actual "es la acumulación de la riqueza y hacemos más cagadas que las que podemos remendar".

"Se puede vivir con una sobriedad digna y que nos sobre para todos", asegura. Otra vez la inocencia de la *oveja negra,* que parece ver pasto en el desierto. Así suena la canción, incluso para él en muchas oportunidades. De todos modos prefiere predicar con el ejemplo.

Mujica asegura que la necesidad llevará a la humanidad a entender a mediano plazo que no se precisa cambiar los teléfonos celulares todos los días ni recurrir a artefactos eléctricos que duren menos de un año. "Si una lamparita puede estar encendida cien años, todo se puede hacer más duradero", argumenta. "No es volver a la caverna, es introducir un sentido de racionalidad a la ganancia".

Es un hecho que se han masificado el conocimiento, la investigación y la información. Pero falta la dirección, las "cabezas pensantes que le den un sentido positivo" a todo eso.

> *La humanidad necesita ahora una gobernanza mundial que no existe y que no la puede arreglar ningún país. El nivel del mar y los desechos plásticos, que*

son un continente en el Pacífico, no los arregla ningún gobierno en particular. El divorcio entre la sociedad y la política es un problema estratégico. No lleva a nada bueno. Aparecen los hombres salvadores, los outsiders. *Los políticos serán lo que vos quieras, pero responden a los partidos, que los contienen. Así surgieron los grandes liderazgos negativos de la Historia. Siempre el derechismo viene con el discurso moralista; después llega al gobierno y arrasa con todo.*

Algunas figuras personalistas hay en América Latina, pero Mujica cree que están lejos de esos "hombres salvadores" que pueden oscurecer el futuro. El continente funciona como contención para esos líderes, evalúa. Existe una unión simbólica amortiguadora, por más que los países parezcan tan lejanos entre sí. Hay una evolución natural hacia un modelo de caída de las fronteras, similar al adoptado por la vieja Europa. Claro, faltan siglos de historia compartida pero Mujica cree que el destino está marcado en ese sentido.

El principal obstáculo que tenemos para unir a toda Latinoamérica es la burguesía paulista. Ellos piensan en brasilero, aunque podrían ponerse a toda América como objetivo. Ahora, lo que intentamos hacer con la expansión del Mercosur hacia otros países es sumar a toda América Latina. Ya hay una conciencia de que es necesario caminar hacia algo más conjunto, pero hace falta el empuje de los más poderosos. Ya llegará.

Mujica conoce de memoria el continente. Ha visitado más de una vez cada uno de los países que lo integran. Percibe que hay un sentimiento que sobrevive a las diferencias y que el sentido de pertenencia a un lugar está muy arraigado, desde México hasta Tierra del Fuego.

El ejemplo que siempre pone como positivo es Brasil, en el que conviven todas las razas y religiones mezcladas sin ningún inconveniente: indios, negros retintos y mulatos de ojos azules, orientales, nórdicos, no falta nada en Brasil. Y la sociedad funciona perfectamente integrada. También los hombres con las mujeres.

México es, en cambio, un ejemplo negativo para Mujica. Tiene mucho aprecio por los mexicanos y por lo que significa ese país para América Latina. También cree que debería estar a la vanguardia y lo ve como mucho más divisionista y machista que Brasil. Percibe en México un problema cultural, vestigios de una época que debe ser superada para lograr una mayor integración.

Estuve en Guadalajara en una casa vieja en la que me dijeron que había estado Zapata. Tenían a los hombres de un lado y a las mujeres del otro. A los hijos hombres los trataban mucho mejor que a las mujeres. Era una cosa de la prehistoria. Un machismo atroz que no podías creer. Les tengo una simpatía bárbara a los mexicanos. Además, los siento hablar y son todos como Cantinflas, me dan una ternura bárbara. Pero el machismo te dan ganas de agarrarte la cabeza. ¡Si faltará todavía! En otras partes de América se ve el racismo y en la cordillera de los Andes hay una diferencia grande entre los blancos y los cholos y eso es brutal. Hay un apartheid de los propios indios, muy defensivo. Es comprensible, son siglos de sometimiento.

Además de esta retórica, Mujica adoptó resoluciones desde el gobierno con la idea de generar una unión más estrecha entre Uruguay y los países más cercanos, basada en intereses comunes y en contraposición con el predominio de Argentina. Eso fue lo que estuvo detrás de su idea de un puerto de aguas profundas en el departamento de Rocha.

Se fue del gobierno con el camino allanado para que en pocos años comenzara a funcionar ese nuevo destino sobre el océano Atlántico, con la idea de que fuera una terminal de Uruguay, pero también del sur brasileño, de Paraguay y de Bolivia.

La explicación era muy sencilla: construir un contrapeso al centralismo porteño de Buenos Aires desde Uruguay y después invitar a otros países, porque si la medida se discutía en los organismos de integración, estaba destinada a fracasar. "Quería hacer algo conjunto pero me di cuenta de que es imposible. No podemos vivir discutiendo esto, lo otro y lo otro. Me pateo las bolas.

Ya está, mejor hacerlo nosotros", reflexionaba en pleno transcurso de su gobierno.

Será para dentro de treinta o cuarenta años, calculaba. Tenía claro que no lo iba a inaugurar él ni tampoco lo iba a ver funcionando a pleno, pero era el ejemplo al que más recurría cuando quería explicar lo que entendía por "alta política".

"En ciertas decisiones hay que mirar mucho más lejos de lo que vaya a ocurrir en las próximas elecciones", argumentaba, convencido de que allí estaba el verdadero paso de Uruguay hacia un rol unificador de la región.

También sospechaba que una vez que el puerto estuviera más avanzado, Argentina se sumaría a utilizarlo. Uruguay está ubicado en el centro de la región y el "futuro son los grandes barcos", calculaba Mujica. El comercio y la economía unen por encima de la política, evaluaba. Y en especial con Argentina, lo importante son los hechos concretos: la única forma de que participe es si percibe que se está quedando afuera.

Un puerto regional y facilidad para que los argentinos pudieran obtener la ciudadanía uruguaya fueron las trampas que encontró Mujica para tratar de empujar a uno de los países más importantes del continente a la integración real.

Una vez más, solo el tiempo servirá para saber si el camino era el indicado. En sus días como presidente, Mujica imaginaba el futuro integrado. Lo construía en su cabeza, lo explicaba, lo llenaba de palabras y razonamientos e intentaba favorecerlo.

De Uruguay decía que en pocos años se descubriría que tiene petróleo y que eso significaría un cambio fundamental en su economía. Que los uruguayos administren su propio petróleo era algo que le preocupaba y recurría a modelos de los países nórdicos, de la misma forma que lo hacía para la minería y también para el agua.

Otra vez se mostraba especialmente sensible con los recursos naturales. La tierra primero que nada, pero también el agua y el metal y el combustible y lo básico para un futuro de escasez. Allí estaba el despegue futuro de Uruguay para el presidente.

Sentía que había ganado algunas batallas, aunque pequeñas, con el tema de la tierra. Le gustaba pensar que el aporte había sido útil, que el esfuerzo no había sido en vano.

> *Vamos sacando pedacitos de tierra que son propiedad del Estado y los vamos haciendo colonias. Lo hicimos cerca de la Quebrada de los Cuervos y en el departamento de Artigas. Te lleva años. Y para eso necesitábamos un presidente y un ministro de Defensa tupas. El Instituto de Colonización creció como nunca en estos años. No vas a cambiar el mundo en poco tiempo, pero hay gente que está en la orilla que va a vivir un poco mejor. Hay que servir para eso porque eso es lo que podemos lograr.*

La resignación también es una característica de Mujica. Sus expectativas suelen ser muy elevadas y la frustración casi segura. Necesita seguir pensando en imposibles, mientras se consuela resolviendo asuntos puntuales a corto plazo.

A veces daba la sensación de que sus reflexiones eran más de un fino lector de la realidad que de un presidente. En eso también se manifestaba la *oveja negra*, aunque desde un lugar en el que lo diferente resaltaba por lo poco ejecutivo.

Quizá por eso miraba especialmente a las personas con cargos de responsabilidad a su alrededor, a las nuevas generaciones de políticos que se proyectaban y le preocupaba la falta de recambio. Entre los suyos siempre vio con mucha expectativa a Raúl Sendic, por ser el hijo de una de las personas más decisivas en su vida y por compartir con él valores. "Tiene muchas cosas del padre: la picardía, la inteligencia", se convencía y pensaba que podía llegar a ser presidente. Una expresión de deseo pretenciosa, aunque en el camino la relativizó por la falta de voluntad de Sendic para competir.

"Los pingos se ven en la cancha", era su frase de cabecera cuando le preguntábamos sobre quién podía ser su sucesor. También veía una importante capacidad en Oscar Andrade y Oscar de los Santos, el primero obrero de la construcción y el segundo pintor de obra, ambos con años de dirigencia sindical y política a cuestas.

Allí también se repetía su historia. Elegía a las personas sin formación académica, que habían llegado a la política desde la militancia y que no se especializaban en leyes ni usaban saco y corbata. Buscaba establecer una especie de modelo de *oveja negra* que, por su propia condición, es muy difícil de repetir.

No quería elegir a nadie porque decía que eso era contraproducente. Que cada cual se hiciera su camino, como lo había hecho él, y que su llegada a la Presidencia funcionara como un ejemplo, para los que desconfiaban por falta de currículum.

También sabía y esperaba que a mediano plazo hubiera recambio de signo político en el poder. La derecha volvería a gobernar, sin lugar a dudas. Faltaba poco para que llegara el turno de que el sillón presidencial fuera ocupado por alguien de otra clase social y que se hubiera preparado toda la vida para eso, vaticinaba Mujica.

Él pensaba especialmente en Luis Lacalle Pou, el hijo de su rival en las elecciones y el bisnieto de Herrera. Para Mujica, el Uruguay de los apellidos se va a mantener y está bien que así sea, luego de un *impasse* de unos cuantos años. Lo importante para él es la rotación en el poder.

Participó en la campaña electoral y fue electo senador; le costaba abandonar lo que era su vida. "Si largo esto me muero", decía, pero al mismo tiempo defendía la Presidencia por un solo período y se oponía a cualquier tipo de reelección. "El hombre no se tiene que enamorar del poder porque eso es peligroso".

El futuro del hombre también era algo que ocupaba sus pensamientos en sus últimos años como presidente. Ver la estructura social desde la cima del mando lo llevó a confirmar lo importante de seguir fomentando la autogestión como sistema alternativo.

—Son pocas las empresas autogestionadas después de tus años de prédica.

—*Sí, pero ahí está el modelo para el que lo quiera. Y es positivo. Eso cambia la cabeza. Ahora en la industria del vidrio llegaron a decidir no cobrar el aguinaldo y no pasó nada. Resolvieron invertir en maquinaria y después cubrir el aguinaldo. Pero a la larga, ahí terminaron cobrando el doble.*

—En definitiva, el trabajador asumiendo el riesgo del empresario.

—*Sí, pero también cobrando las ganancias. Para mí es un ejercicio de poder. Es tomar el poder directamente, involucrar a los trabajadores para que sientan la responsabilidad.*

—No es para cualquiera...

—*Pero en todos lados hay personas que pueden liderar estos procesos. Cuando viene la crisis y viene la cagada, el objetivo de la empresa es mantener el laburo y entonces están dispuestos a bajarse el salario. El capitalista no puede hacer eso. Cierra la empresa, quiebra y va para otro lado. El asunto ahí es que el valor no es hacerse rico, sino la estabilidad laboral. Es tener laburo para poder seguir viviendo. Es una bruta apuesta.*

—Igual, mucha pelota no te dieron ni siquiera en el Frente Amplio.

—El domingo me pasé con toda la dirección sindical de Pluna, discutiendo esto. Ahí tenemos bruto ejemplo. Para eso inventamos el Fondes. Es cierto que con todo esto nadie me apoyó mucho. Danilo hasta el día de hoy no lo quiere. Cuando yo no esté espero que siga, porque ahí puede haber algo.

La mayoría de los seres humanos prefieren el riesgo y la ganancia a la estabilidad, le dijimos en una de las charlas. Planifican como individuos y no como seres sociales, lo interpelamos y logramos meterlo aún más en la conversación. Hablar de la condición humana es siempre una tarea placentera para Mujica.

Todo derivó en una teoría acerca de la evolución del ser humano y de algo parecido a lo que puede considerarse el fin de la especie. Una improvisación filosófica con poco sustento teórico, basada en la intuición, con la necesidad de discernir el futuro y calmar aunque sea un poco la angustia de la incertidumbre.

"De repente lo que está pasando es que estamos en el límite del hombre. Esa es la interrogante que tengo", soltó y desarrolló el pensamiento cuando reclamamos que al menos justificara una sentencia tan radical. "Creo que hemos desatado una cosa que nos puede estar superando biológicamente. De ser así, en lo que se ha transformado el ser humano nos pasó por arriba y vamos a la ruina".

El hombre está provocando su propia extinción, interpretó Mujica. Siente que la humanidad va hacia una especie de precipicio y que no es capaz ni siquiera de saber para qué lado está caminando.

> *Una de las características del hombre es que es un conquistador del espacio vital. El tipo arrancó en África y conquistó la Tierra. Tenemos eso y no podemos renunciar. Pero en la cultura capitalista el avance ha sido individual. Exacerba el egoísmo que llevamos adentro, multiplicar la mía. El hombre primitivo es del grupo, es tribal. Tampoco es bucólico. A la otra tribu le rompía el hígado. Pero el capitalismo es individualista y no piensa en el conjunto. Esa es su esencia.*
>
> *Y ahora a la humanidad hay que hacerla reaccionar como especie, como un conjunto. Ese es el problema de la política que casi nadie ve. Tenemos que sacar a la especie humana de la miseria, domesticar los océanos y los desiertos y después tratar de avanzar hacia la galaxia, porque seguro que en esta galaxia estamos solos.*
>
> *Esa tiene que ser la tarea de la humanidad y no la de un individuo. El asunto es si tendremos capacidad de superar al individuo. Si no podemos, hemos creado una civilización que nos va a hacer pelota a todos. No es que no haya recursos. Los recursos son infinitos porque la energía es infinita. Somos unos piojos en la inmensidad del universo, pero la humanidad tendría que estar trabajando en conjunto, concentrada en la*

ciencia para tratar de mantener los recursos, y no lo estamos haciendo. Eso puede terminar con nuestra especie. La naturaleza ha demostrado su grandeza. ¿Si eliminó a las dinosaurios por qué no nos va a eliminar a nosotros?

Desde su vejez, reivindicaba especialmente la sabiduría que radica en algunas personas que viven sus últimos años. Citaba la *Ilíada* de Homero, una vez más, para justificar sus palabras. "Si lo leés de vuelta, vas a ver que cuando están en Troya el discurso más esperado es el de Néstor. No es el rey más fuerte, el que tiene más soldados, pero es el rey más viejo. Y por ser el más viejo, el más sabio".

La humanidad en un estadio superior debe escuchar más a los viejos, defendía. Como argumento, recurría otra vez a la naturaleza: "Es increíble. Te da lo que necesitás en cada momento. De joven te da la pujanza, pero también la bobera. De viejo sos más débil pero ves mucho más lejos".

Buscarles un lugar a los "viejos brillantes" para que puedan ser útiles para lo sociedad obsesionaba a Mujica. Ponía como ejemplo los asiáticos, que tienen a la vejez como una institución prestigiosa. Utilizar ese capital, tomarse tiempo para escuchar a los que tienen experiencia acumulada, poder transmitir el conocimiento a las nuevas generaciones: de eso se trata también el legado que Mujica pretende dejar para el futuro.

Los viejos sienten un enorme placer por volcarse a las gurises. Será un instinto de supervivencia. Muy probablemente sea una manera intuitiva de perdurar. Tratan de transmitir ilusiones, cosas que tenemos adentro y necesitamos pasar. Es brutal hasta dónde puede llegar la criatura humana. Que quede algo de lo tuyo, esa siempre es la idea.

También pensaba en cómo lo iba a reposicionar el tiempo. "Cuando entregue la banda con 79 años, muchos van a decir: «Pero qué viejo bueno, que no jode a nadie». Es la condición humana. El problema está en creérselo", nos dijo más de un año antes de que eso ocurriera.

Ya había recibido ofertas de miles de dólares para realizar conferencias fuera de Uruguay como expresidente. Ya había pasado por todas las fases del poder y las había relativizado. Ya había concluido que podía estar muy equivocado en sus ideas pero que su legado estaba asegurado. Ya sentía que no era imprescindible para nadie.

Pero reivindicaba las ganas:

Estaré errado, pero mis sueños siempre los tuve y los tengo largos. No me pueden decir que no tengo estrategia. Puede ser una cagada, pero la tengo. Para soñar todavía me sobran patas.

12

El mito

Mujica creció con la muerte. Desde su juventud, como una sombra muy oscura, imposible de pasar desapercibida. Habla de la muerte como si fuera un episodio más. Sin angustia, sin miedo, con resignación. De niño la descubrió con el temprano fallecimiento de su padre; de joven la transpiró a través de amigos guerrilleros a los que vio caer, y de viejo la incorporó a su vida cotidiana. La espera sin la pretensión de elegir el momento, sin que le quite el sueño. La imagina como un nuevo escenario, aunque con la íntima certidumbre de que será el último: ahí se termina todo.

"Hace 45 años me puse un revólver en el cinto y salí a jugarme la vida, así que todo esto para mí son chauchas y palitos. Nunca tuve miedo a la muerte y mucho menos ahora", nos dijo en su oficina durante su último invierno como presidente. Lo criticaban por participar en la campaña electoral, por generarse demasiados enemigos en Uruguay y en el exterior con sus sentencias tajantes y por no tener el más mínimo cuidado hacia su cargo.

Nada de eso le importaba porque la vida para él es un regalo, desde hace más de cuatro décadas.

Luego de la confesión de las chauchas y los palitos, se paró, se acercó a un enorme jarrón amarillo de cerámica que le había obsequiado el gobierno chino e introdujo su mano. Tan adentro la hundió que solo se veía el hombro por fuera del adorno. Lo que surgiría del jarrón era un misterio. Nunca se sabe con Mujica, y menos en ese momento de introspección. Un recuerdo, una foto, cualquier cosa podía aparecer de las profundidades.

Al final, no tenía tanta importancia emocional lo que eligió esconder, pero sí física. Eran cigarrillos y un encendedor. Fumó dos mientras conversamos sobre algunos temas coyunturales y luego volvió a enterrar su tesoro. El problema no era que en Uruguay el cigarrillo esté prohibido en los espacios públicos y que él estuviera en el despacho presidencial. Era más complicado: no lo dejaban fumar. Ni su mujer, ni sus allegados, ni los médicos. Por eso lo hacía a escondidas, igual que con el alcohol o algunas comidas. Siendo presidente se cuidaba muy poco, no le encontraba demasiado sentido.

"El Inmortal", le habían puesto su canciller Luis Almagro y su vicecanciller Luis Porto. Se referían así a Mujica cuando hablaban entre ellos. Nada más lejos de su voluntad. Morir fue una elección desde su juventud. La adoptó en forma consciente, sabía que la guerra tiene sus riesgos: nunca se vuelve a la vida anterior.

Como presidente todavía cargaba encima con todos sus documentos, algo de dinero y papelitos doblados en los bolsillos, con nombres, anotaciones y números de teléfono. "Es algo que me queda de la época de clandestino", nos contó. Siempre con lo necesario arriba y preparado para abandonar todo en pocos segundos. Documentos, contactos, dinero y *alguna cosita* para protegerse, nos explicó con una sonrisa, haciendo un gesto con los dedos en forma de revólver.

La muerte fue muchas veces tema de conversación. Primero se la mencionamos porque queríamos ver su reacción. La tranquilidad y familiaridad con la que la abordaba nos llamó la atención. Le dedicaba tiempo, no tenía ningún inconveniente en analizar al detalle ese asunto tan incómodo para muchos.

Otras veces fue él quien se encargó de mencionarla. En su oficina, en la calle, en algún evento público, eran recurrentes las bromas de la *oveja negra* convertida en presidente al final cercano. Le daba hasta cierto placer discurrir hacia ese territorio, en el que se siente locatario. Contaba las balas que carga dentro de su cuerpo desde la época de la guerrilla y las veces que superó enfermedades complicadas.

> *A nadie le gusta la muerte pero a determinada altura sabés que un poco antes o un poco después va a llegar. Y: ¡por favor!, no vivas temblando frente a la muerte. Aceptala como los bichos del monte. El mundo*

va a seguir dando vueltas y no va a pasar nada, no va a quedar nada de todo ese temor al pedo. Hay que ser más primitivo. No da para festejar. No le estoy haciendo una apología a la muerte pero está ahí, hay que convivir con ella.

Quizá por eso no se siente muy afectado por la muerte de los demás. Lo invade la tristeza, se encoge un poco de hombros, suspira con cierta resignación y se transforma en un observador. Así lo vimos más de una vez, en velorios y entierros, desde el de sus familiares y amigos más cercanos, hasta el de Hugo Chávez.

Le hubiera gustado ver a Chávez una vez más antes de que se muriera. Se quedó con ganas de visitarlo para aliviar su agonía. Sabía desde mucho antes que se iba a morir. Tabaré Vázquez, desde su profesión de oncólogo, ya le había advertido que Chávez no sobreviviría a la enfermedad que lo aquejaba.

Cuando falleció y realizaron una prolongada ceremonia de velorio y entierro, Mujica fue uno de los presidentes más fotografiados cerca del ataúd. Circularon rumores de que había llorado, de que se había abrazado al féretro, de que había rogado por la salvación de su amigo. Todo mentira.

Nunca me acerqué al cajón de Chávez. Fue una novela que hicieron allá que no tiene nada que ver con la realidad. Cuando quedé frente al cuerpo, Maduro no estaba. Había un general que lloraba como una Magdalena.

Soy un tipo emotivo pero no me motivan tanto los cadáveres. Seré frío, pero en realidad me comporté como un espectador. Demasiado frío. Y me impresionó el catolicismo de los tipos. La mayoría, y especialmente la femenina, se persignaba. Y había mucho taconeo y mano al pecho.

Lo que más pena genera en Mujica son esas personas que arrastran su enfermedad por meses o años y que son conscientes de que el sufrimiento solo se terminará con la muerte. Ese es su principal temor: llegar a un punto en el que pierda las facultades de su mente o de su cuerpo, pero no de su sistema respiratorio.

Ocurrió con personas muy cercanas a él. Desde amigos de la política a los que iba a visitar postrados en alguna casa de salud, hasta su hermana, que convivió gran parte de su vida con una esquizofrenia y debió valerse de los demás durante los últimos años.

La tragedia es no poder comunicarse, es intentar mantener el puente de conexión con el mundo y darse cuenta de que solo queda un hilo intransitable. "Es cruel la vida en esos casos", repetía. "Me puede tocar, aunque ojalá no. Ojalá que la muerte piadosa llegue antes, porque más vale morir, te digo la verdad. Hay cierta forma de vida en la que a veces la muerte nos deja libres".

Sentía el desgaste de los años siendo presidente. Le costaba dormir, a veces le dolía la cadera, algunos días su memoria daba señales de pequeñas fisuras, sus piernas acusaban una mala circulación, pero nada de eso le dificultaba pensar con claridad. "El problema es que funcione la cabeza. Es lo principal. Yo tengo responsabilidad y eso te exige y es un incentivo para vivir", aseguraba. Una médica lo acompañaba en cada uno de sus viajes al exterior y le hacía un seguimiento semanal en Montevideo. "Me la tengo que bancar", decía y a veces hasta aceptaba algunos de sus consejos.

Recordaba la muerte de su padre como incentivo para tomar algún recaudo. Tenía siete años cuando murió su progenitor y todavía lo rememora de una forma muy nítida: silencios prolongados, momentos incómodos, historias que construyen los adultos y que los niños nunca creen.

"Creo que murió de cáncer pulmonar pero me cagaron a mentiras", dice Mujica. "El asunto es que los niños se dan cuenta de todo, son mucho más perceptivos de lo que los adultos piensan".

Hasta el día de hoy carga con esos días en su espalda. Demetrio Mujica falleció a los 47 años y él sintió su ausencia, aunque reivindica la forma en la que su madre resolvió el problema.

Mi madre murió a los 80, la edad que más o menos tengo yo ahora. Me faltó el padre, pero mi madre era una tana de un carácter bárbaro y se encargó de que no lo sufriera tanto. Una mujer increíble. Levantaba las bolsas de 50 kilos ella sola y manejaba la casa, los números, todo. Una mujer de campo. Tenía un carácter bárbaro.

Con Lucía procuró espantar a la muerte. "Los compañeros caían y los mataban un día sí y al otro también", recuerda. Los unió las ganas de vivir. Se aferraron el uno al otro para combatir a ese final que los acosaba por las calles de aquellos años. Conjugaron amor con instinto de supervivencia y lo hicieron tan bien que nunca más se separaron.

Y cuando resolvieron casarse, otra vez estuvo la muerte. "Nos estamos poniendo viejos", se dijeron. "Me voy a morir yo o te vas a morir vos", evaluó Mujica. Y tomaron la decisión de contraer matrimonio. "Para arreglar los papeles", argumentan.

La ceremonia fue en la cocina de la casa de Rincón del Cerro. Hasta allí llegó el juez para unirlos en matrimonio. El mismo lugar que eligieron para los últimos años, del que Mujica anuncia que solo se irá "con las patas para adelante". El lugar de la serenidad y de la muerte más dulce.

El tiempo sirvió a Mujica para comprender que nadie es tan importante como cree ni logra siquiera una parte de lo que se propone. Los años bien vividos generan la sabiduría del cansancio y una especie de humildad estratégica. Ese estado es el necesario para poder asumir la muerte.

> *Hay gente que no puede asumirla y muere infeliz. ¡Es brutal! Es una regla fundamental de la naturaleza y hay que incorporarla. El asunto es que hay que amar la vida que uno vive.*
>
> *Pienso en el momento en que no esté y creo que me van a empezar a valorar dentro de diez años. Pero yo voy a estar muerto y enterrado. Así que chau, no le doy más vueltas. Cuando piense que me voy a morir, iré a la cama y me acostaré a dormir tranquilo.*

Sin embargo, se puso un poco más místico durante los últimos años. Siguió siendo ateo, con la naturaleza como su principal motivo de adoración, pero empezó a respetar más todo lo construido por las religiones a lo largo de la historia. Relataba cuando siendo guerrillero estuvo en el Hospital Militar, luego de recibir varios balazos y las monjas visitaban de noche a los moribundos para intentar darles un alivio: "No es poco servicio ayudar al bien morir y ahí empezás a ver a las religiones de otra manera. Uno no comparte, pero respeta".

Dos aspectos son los que para Mujica explican la continuidad de los distintos credos a lo largo de los siglos: la necesidad del individuo de trascender y su miedo a la muerte y a lo desconocido.

Y elaboraba su propia teoría al respecto, desde su posición de panteista, como se define con referencia a su creencia en la naturaleza como lo más parecido a lo divino.

—Los seres superiores, entre comillas, son los unicelulares que estaban 2500 millones de años antes que nosotros y que van a seguir. ¿Dónde existe la muerte entre los procariotas, cuya reproducción es la división? ¿Dónde está la muerte? La muerte está cuando eso se agotó. ¡Qué cosa curiosa! Los seres más eficientes son los microscópicos, los que tienen más relación con el medio ambiente de acuerdo con los perímetros que tienen y lo hacen rendir mucho más. Ahí entramos en la clave de la vida. Hace por lo menos 2500 millones de años que hay procariotas arriba de la Tierra; los pluricelulares como nosotros llegamos ayer.

—El hombre puede argumentar en respuesta que es él quien investiga y llega a esas conclusiones.

—A eso respondo que es brutal la petulancia del hombre. Hay una visión antropomórfica que coloca al hombre en el medio. Si se prioriza y analiza la vida a lo largo del planeta, el hombre es muy diminuto e insignificante.

—Una típica discusión de campaña electoral.

—Imaginate. Yo sé que hay cosas que no puedo decir porque no me entiende nadie un carajo. Por ejemplo: el origen de todo es la luz. Estoy convencido de eso. En definitiva los incas tenían razón con el tema del Padre Sol. La fotosíntesis es la base de todo. A veces tiro cosas de estas por algún

rincón. Pero yo sé que en la mayoría de los casos son margaritas a los chanchos.

—No está mal decirlo. Siempre hay alguno atento.

—*Claro, algo queda. Y es importante entender todo esto porque nos lleva a un concepto de humildad. Somos absolutamente insignificantes y hay que saberlo. Hay como treinta reacciones en cadena de la fotosíntesis y nosotros solo sabemos la primera y la última. No hay cosa más importante arriba de la Tierra que esa y nos seguimos creyendo muy trascendentes e importantes.*

—También inmortales.

—*Es tan corta la vida que hay que hacerle un corralito de silencio y respetarla. Dejar el corralito puesto. Después todo va a seguir, pero para la persona ese corralito es importante y hay que vivirlo con compromiso, disfrutarlo sin atajos.*

Dejar de ser presidente con casi 80 años. Un desafío para cualquier persona y más para alguien con una existencia muy intensa. Por eso, Mujica planificaba actividades para el día después del 1 de marzo, luego de pasarle la banda presidencial a Tabaré Vázquez.

"Si me quedo quieto, me muero", repetía hasta el cansancio mientras elegía el despacho que utilizaría como senador y aceptaba invitaciones desde el exterior para realizar conferencias.

Preparaba también un viaje a Muxika, en España, la tierra de sus antepasados. Allí estuvo por primera vez como presidente. Ahora quería ir con Lucía y sin las obligaciones y el protocolo del cargo, instalarse una semana entera y disfrutar de ese pueblo de unos miles de habitantes y absorber parte de su historia.

Ya a mediados de su gobierno soñaba con ese momento. La vejez lo volvió un poco más curioso sobre su origen. Investigó quiénes fueron los primeros Mujica en Uruguay y hasta accedió a un árbol genealógico de su familia.

> *El primer Mujica vino para acá en 1742. Me hicieron una investigación entera y me trajeron los documentos. Fue diez años después de fundado Montevideo. Era casado con una Cipriani. Una botija de 15 años y él tenía 19 años. Se casaron en Tolosa y se vinieron.*
>
> *Era Muxika y después se fue transformando. Se castellanizó. Ellos ya firmaban Mujica. Un nieto de este señor era mi abuelo: don José Cruz Mujica, cuyo panteón está en el Cementerio del Buceo. Era un vendedor con un carro. Vendía cosas por las estancias, en Florida. Mi padre hizo lo mismo. Siempre existió en la familia ese amor por el campo.*

Volver a los orígenes, montar una escuela agraria en su chacra de Rincón del Cerro, seguir alimentando y disfrutando ese lugar de consagración de la *oveja negra*, todo eso tenía preparado para el día después. Cerca de diez años habían pasado desde que nos respondió "esa verga no es para mí", cuando le preguntamos si sería presidente. Lo fue y terminó su mandato sin saber si era o no era para él.

"No sé si seré bueno gobernando, pero que junto votos, junto votos como loco", nos dijo durante los últimos días a cargo del Poder Ejecutivo. Tenía dudas sobre su capacidad para gestionar, no para convertirse en un ejemplo de lo diferente.

Si sirvió o no sirvió depende de los factores que se tengan en cuenta. La popularidad mundial está fuera de discusión, pero el terremoto interno que había imaginado solo sacudió el deber ser y no la estructura del país. Se fue sin registrar ningún cambio radical aunque sí con la sensación de que, después de su pasaje por el poder, había otro tipo de quiebre.

"La última es en el cajón", respondía luego de que decenas de personas le pidieran para sacarse fotos en cualquier evento público o cuando caminaba por la calle.

"Voy a ir a un entierro", dijo en su visita a Washington cuando le preguntaron insistentemente qué haría después de terminar de ejercer como presidente. Habló del viaje a Muxika, de la escuela agraria en su chacra y luego pronunció esa frase. Se hizo un silencio cuando dijo "entierro". Lo dejó durar unos segundos y repitió: "Voy a ir a un entierro: el mío".

Índice

Esta obra se terminó de imprimir
en el mes de agosto de 2025,
en los talleres de Impresora Tauro, S.A. de C.V.
Ciudad de México.